FUNÇÕES EXECUTIVAS

Renata Aguilar

FUNÇÕES EXECUTIVAS

ESTRATÉGIAS PARA ESTIMULAÇÃO DE PROCESSOS COGNITIVOS NEUROFUNCIONAIS PARA UMA APRENDIZAGEM SIGNIFICATIVA

EDICON

Dados Internacionais de Catalogação na Publicação (CIP)

(Câmara Brasileira do Livro, SP, Brasil)

Aguilar, Renata

Funções executivas : estratégias para estimulação de processos cognitivos neuro funcionais para uma aprendizagem significativa / Renata Aguilar. -- São Paulo : Edicon Editora e Consultoria, 2024.

Bibliografia.

ISBN 978-65-5934-102-3

1. Aprendizagem cognitiva 2. Avaliação neuropsicológica 3. Desenvolvimento cognitivo - Psicologia 4. Habilidades cognitivas I. Título.

24-217146 CDD-370.15

Índices para catálogo sistemático:

1. Funções executivas no contexto escolar : Psicopedagogia : Educação 370.15

Eliane de Freitas Leite - Bibliotecária - CRB 8/8415

CONTATO COM A AUTORA: *professorarenata.aguilar@gmail.com*

CAPA: *Alex Ramos*

EDICON

Editora e Consultoria Ltda

(11) 3255-1002

Rua Gama Cerqueira 87 - Cambuci

CEP 01539-010 São Paulo SP

www.edicon.com.br

Sumário

Introdução

Um grande desafio que temos enfrentado tanto na escola quanto no meio social é o fato das pessoas se queixarem com frequência que esquecem com facilidade fatos do dia a dia, a distração aumentou excessivamente e também a falta de organização e paciência por parte de alguns.

Você deve já ter se perguntado por que algumas pessoas produzem tanto em tão pouco tempo, enquanto outras demoram para concluir uma simples tarefa.

Por que algumas crianças aprendem mais rápido que outras? E o que fazer com tantos elementos que distraem nossas crianças e jovens? Será que o excesso de tecnologia produziu uma geração mais desatenta e distraída?

Pais que não sabem como ajudar os filhos, professores sobrecarregados, alunos dispersos. Existe alguma luz no fim do túnel?

Os consultórios psicopedagógicos recebem cada vez mais crianças e jovens com essas queixas.

Muitas famílias enfrentam o dilema das dificuldades escolares de seus filhos e também com problemas sociais, principalmente na adolescência. Depois, com os avós, que já sofrem com doenças físicas ou mentais e acabam ficando dependentes. Neste contexto, a pirâmide se inverte. Ao mesmo tempo que as famílias têm de cuidar dos filhos em fase escolar, também têm que cuidar de seus pais com idade avançada.

Vamos percorrer o desenvolvimento cerebral do ser humano desde sua concepção ao idoso.

O ambiente em que vivemos não é mais o mesmo de anos atrás. Com o avanço da tecnologia, tivemos muitas facilidades, porém deixamos de estimular áreas importantes cerebrais. Como podemos garantir um bom desenvolvimento cerebral até nossa velhice? Como podemos melhorar a aprendizagem de nossas crianças e jovens e nos manter ativos no decorrer da vida?

Este livro tem o objetivo principal de ajudar tanto a escola quanto especialistas clínicos e familiares a descobrir os caminhos que a aprendizagem percorre no cérebro.

E qual a relação da aprendizagem com as funções executivas? Como podemos estimular essas habilidades em todas as faixas etárias?

Neste livro, faremos um estudo sobre estes pontos, mas iremos incluir outros que podem estar implícitos nestes, mas são tão importantes quanto. Este desdobramento faz-se necessário para compreendermos o caminho que o cérebro faz para aprender e apreender.

Podemos comparar o funcionamento do cérebro com uma viagem. A estrada é longa, cheia de curvas, com aclives e declives, com dias ensolarados e outros chuvosos. E você é o motorista deste veículo. Você não irá dirigir embriagado, com sono, por horas sem descanso. Não pode deixar de abastecer seu carro ou fazer a manutenção necessária.

Assim é o nosso cérebro, você é o condutor de suas ações, estímulos, dos cuidados e também de sua preservação. Embarque nesta viagem com sabedoria.

Aproveite a paisagem e curta cada segundo de uma viagem, talvez só de ida. A volta é sempre mais difícil, mas nada é impossível para a neuroplasticidade do cérebro. Às vezes, é necessário voltar por estradas desconhecidas e diferentes da ida, então aproveite a viagem! "É mais fácil aprender do que desaprender!"

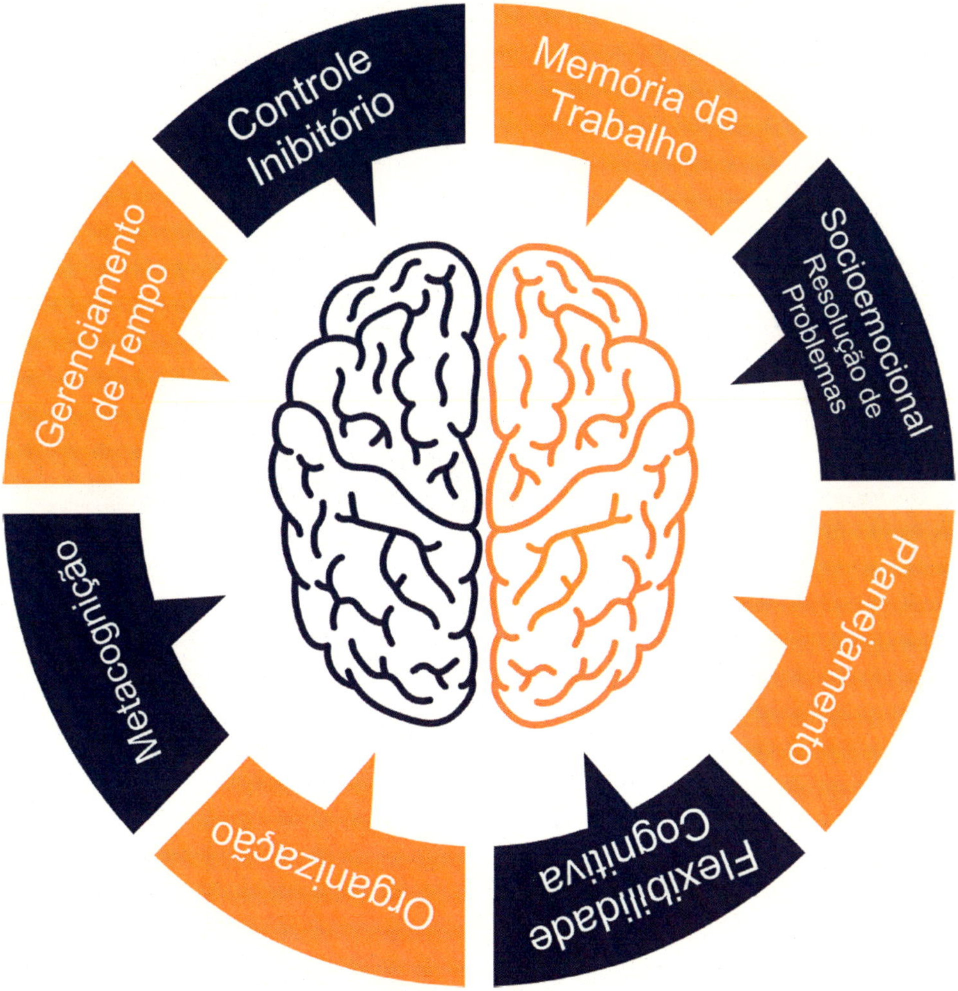

Controle Inibitório
Memória de Trabalho
Socioemocional Resolução de Problemas
Planejamento
Flexibilidade Cognitiva
Organização
Metacognição
Gerenciamento de Tempo

1

O QUE SÃO FUNÇÕES EXECUTIVAS?

Neuroanatomia e Neurociência se complementam, estudar as estruturas e as funções de cada parte do sistema nervoso podem auxiliar em novas descobertas que permitem a compreensão da aprendizagem. De outra forma, unir essas áreas com o ensino e aprendizagem deveria ser currículo obrigatório nas escolas.

O estudo da Neurociência percorreu um longo caminho e o estudo do cérebro sempre despertou a curiosidade na espécie humana desde os primórdios, porém no início do século XXI, foi que houve uma enorme influência e dissipação deste assunto, inclusive entrando no âmbito escolar pontos que estavam apenas em artigos na universidade e no campo de pesquisa.

Grande parte dos estudos de funções de cada área cerebral é resultado de estudos com pacientes que sofreram algum tipo de lesão, por exemplo, as pesquisas e descobertas na área da linguagem, da memória ou da motora.

O cérebro possui aproximadamente 86 bilhões de neurônios que se conectam entre si, por meio de sinapses. E, com essa conexão, somos capazes de evoluir quanto espécie e nos adaptar às mudanças ambientais e sociais.

Essa interconectividade e os estímulos ambientais fizeram com que o cérebro se expandisse, principalmente o lobo frontal, área responsável pela execução e cognição. Isso explica o quanto a espécie humana evoluiu ao longo dos períodos históricos, não apenas pela sobrevivência, mas pela capacidade de aprender, criar e interagir com os outros.

Com o avanço da tecnologia, outras descobertas foram feitas, o que contribui para um novo olhar sobre o mesmo cérebro e suas diversas funções cognitivas, executivas e socioemocionais.

Há muitas definições para o termo Funções Executivas (FEs), porém todos os grandes estudiosos nesta área têm consenso que são habilidades que estão relacionadas a capacidade do ser humano de realizar ações autônomas e organizadas para atingir um objetivo específico, é uma capacidade exclusiva do ser humano.

Essas habilidades auxiliam o ser humano a eleger objetivos específicos diante de um desejo, decidir as melhores ações, planejar cada etapa, verificar e modificar essas ações dando sequência ou até mesmo interrompendo-as e avaliando-as.

"As funções executivas possibilitam nossa interação com o mundo frente às mais diversas situações que encontramos. Por meio delas organizamos nosso pensamento, levando em conta as experiências e conhecimentos armazenados em nossa memória, assim como nossas expectativas em relação ao futuro, sempre respeitando os valores e propósitos individuais. Dessa forma podemos estabelecer estratégias comportamentais e dirigir nossas ações de uma forma objetiva, mas flexível, que permita, ao final, chegar ao objetivo desejado. Além disso, são as funções executivas que suportam uma supervisão de todo o processo, evitando erros e limitando nossas ações dentro dos padrões éticos do grupo cultural a que pertencemos. Por tudo disso, elas são essenciais para garantir o sucesso na escola, no trabalho e na vida cotidiana." (Consenza e Guerra, 2012)

Estas funções acontecem principalmente no córtex frontal, sendo que são principalmente formadas na primeira infância, porém se estendem até o final da adolescência, por volta de 22 a 25 anos. Apesar de acontecerem principalmente nesta área do cérebro, é um sistema que se amplia também para outras áreas cerebrais, onde faz diversas conexões neurais responsáveis pelo comando das nossas ações e tomada de decisão. Para que tudo aconteça de forma harmônica e eficiente também é necessário que outras áreas cerebrais estejam intactas.

Crianças com 3 anos já possuem noção temporal em relação ao passado e futuro e também conseguem planejar algumas estratégias durante sua brincadeira e fatos do dia a dia. Porém, são habilidades que são aprimoradas ao longo da infância e da adolescência.

O controle inibitório e a memória de trabalho estão entre as primeiras funções executivas, que podem ser observados em bebês entre 7 a 12 meses. Como ainda todas essas funções não estão totalmente formadas nas crianças, é necessário compreender que essas habilidades são suscetíveis de erros, devido não terem consciência dessas habilidades.

Por meio de observação e estímulo, as crianças farão esse aprimoramento, por este motivo é tão importante a relação com o adulto e com o meio em que convive.

Quando se planeja uma tarefa, usa-se a memória para lembrar fatos e nos mantermos atentos. Ao assistir a um determinado filme, mesmo que estejamos com fome, somos capazes de inibir a fome e continuar assistindo ao filme. Desta forma, estamos usando as habilidades cognitivas relacionadas às funções executivas (FE).

Há ainda o controle inibitório para não termos uma tomada de decisão precipitada. Por exemplo, ao ver um chocolate, você resiste ou logo dá uma bela mordida?

As FEs impactam diretamente na aprendizagem, seja na escola ou nos aspectos do dia a dia. Podemos perceber claramente quando não lembramos de um fato simples, onde guardamos a chave do carro, mas também na organização de um trabalho escolar, uma ordem cronológica, explicar para alguém um filme ou uma receita de bolo.

Avaliar e identificar quais áreas devem ser estimuladas, por exemplo, numa avaliação clínica nem sempre é tão fácil. Uma parte dessas habilidades é genética, porém a maior acontece com os estímulos do ambiente, seja familiar, escolar, no trabalho, entre outros.

A capacidade que nosso cérebro tem de se moldar ao ambiente chama-se neuroplasticidade. O que antes acreditava-se que o cérebro não sofria modificações após a primeira infância, a neuroplasticidade foi evidenciada com clareza por meio de estudos científicos.

Então, o que é neuroplasticidade?

A neuroplasticidade faz com que o cérebro altere sua estrutura, suas funções e até mesmo as respostas dadas ao longo da vida. Apesar de ser uma propriedade do sistema nervoso, ela acontece também em outros seres vivos.

Como a neuroplasticidade é adaptativa, é fundamental que o cérebro seja estimulado o tempo todo. Os estímulos podem ser positivos ou negativos. Você deve conhecer alguém que sofreu uma agressão física na infância e que, mesmo na vida adulta, apresenta comportamentos agressivos ou reações de medo, por exemplo.

A neuroplasticidade acontece a vida inteira e, nos primeiros anos de vida, acontece com maior intensidade. À medida que há declínio cognitivo, algumas áreas cerebrais passam por uma nova reorganização, algumas delas são irreversíveis, porém há estudos que os estímulos cognitivos podem minimizar os fatores do envelhecimento.

Há podas sinápticas importantes durante o envelhecimento e, embora a corrosão sináptica nos idosos esteja geralmente associada a algum nível de declínio cognitivo, o envelhecimento saudável pode ter implicações cognitivas.

É possível perceber falhas em habilidades como controle inibitório e a fragilidade de ter ações precipitadas.

A poda neural, conhecida como apoptose, é um tipo de morte programada extremamente importante para uma nova reprogramação cerebral. Temos podas neurais a vida toda, porém em alguns momentos da vida elas são mais acentuadas.

Voss e Strasser (2020) colocam que a apoptose acontece em vários mamíferos e é essencial acontecer para uma proliferação celular, que juntos regulam mais poderosamente o crescimento do tecido do que cada processo sozinho. Apoptose e proliferação celular exercem uma nova remodulação cerebral.

Diante das pesquisas atuais, foi evidenciado o quanto a neuroplasticidade influencia nas Funções Executivas.

Kandel (2023) aborda que, em bebês humanos, as interações sociais ajudam no desenvolvimento da linguagem e no remodelamento do sistema nervoso.

Miyake *et al.* (2000) fizeram uma análise com cento e trinta e sete estudantes universitários, onde realizaram um conjunto de tarefas experimentais relativamente simples que são consideradas predominantemente para cada função executiva. Esse estudo indicou que as três funções executivas alvo são moderadamente correlacionadas entre si, mas são claramente separáveis. Dentre elas, destacaram-se: mudança de conjunto mental, atualização, monitoramento de informações e inibição de respostas. Além disso, a modelagem de equações estruturais sugeriu que as três funções contribuem diferencialmente para o desempenho em tarefas executivas complexas.

Além dessa análise, há outros pesquisadores que destacam habilidades que definem FEs e fazem parte desta grande área. Descrevo, a seguir, a definição da neurocientista Adele Diamond, professora de neurociência na University of British Columbia.

- Memória
- Flexibilidade Cognitiva
- Controle inibitório.

As FEs são claramente afetadas em situações de stress, cansaço, tristeza, depressão ou outros aspectos emocionais.

Há pessoas que não conseguem produzir sobre uma pressão psicológica numa empresa, por exemplo. Porém, o desenvolvimento das habilidades das FEs pode e deve ser estimulado desde o início da vida, principalmente, na primeira infância.

O que as crianças precisam para se desenvolver e serem bem-sucedidas estão relacionadas a aspectos socioemocionais como a capacidade de se colocar no lugar do outro, empatia, a resiliência, a compaixão e também o afeto.

Além destes aspectos socioemocionais, é necessário que as crianças aprendam e, para aprender, é essencial manter o foco atencional.

Muitas dificuldades escolares estão relacionadas à falta de atenção às aulas e ao fato das crianças terem que ficar muito tempo sentados como ouvintes, além da influência de fatores externos como ruídos, vozes, movimentação.

Este é o maior desafio tanto das escolas, quanto das famílias e também em clínicas com atendimento psicopedagógico: fazer com que as crianças consigam ter FEs saudáveis e possam aprender a controlar seus impulsos, a resistir quando algo interno ou externo interfere.

É fundamental que as intervenções precoces aconteçam, principalmente na Educação Infantil. Crianças que são estimuladas desde bebês de forma adequada e na medida certa terão melhores resultados não apenas acadêmicos, mas também sociais, pessoais e profissionais.

Já existem estudos que crianças que deixaram de ser estimuladas ou não tiveram vivências adequadas possuem prejuízos no âmbito profissional, não conseguem ter cargos de liderança, se mantém por pouco tempo nos empregos, além de não terem sucesso também no aspecto familiar, inclusive há alguns estudos que influenciam no casamento ou na função de pai e mãe.

Em minha tese de doutorado, realizei um estudo com 90 crianças de escola pública e 30 de escola particular entre 10 e 11 anos, no qual o objetivo foi em um ano igualar a aprendizagem acadêmica com estratégias da neurociência e estímulo de funções executivas. Diante dos resultados, houve inúmeros progressos na área da linguagem e da aritmética.

Na escola pública, 18,7% conseguiam realizar as quatro operações básicas no início da pesquisa, enquanto na escola particular era de 49,7%. No final da pesquisa, esse índice aumentou. Na escola pública, passou para 63,7, enquanto da escola particular chegou a 96,7%.

Na escola pública, apenas 9% dos alunos conseguiram interpretar os textos e responder às questões no início da pesquisa, sendo que depois das ações interventivas esse índice subiu para 56,7%. Já na escola particular, 20% dos alunos conseguiram interpretar os textos propostos e, após as intervenções, o aumento foi de 98,5%.

Em relação aos alunos que não estavam alfabetizados, também houve progressos. Na escola pública, 28,3% dos alunos não sabiam codificar e decodificar os símbolos do princípio alfabético, encontravam-se na hipótese pré-silábica e, alguns na silábica sem valor sonoro. Com as ações, esse índice diminui para 14,15%, ou seja, metade dos alunos avançou para a hipótese alfabética, porém vale ressaltar que continuam aquém do que é esperado para a faixa etária.

Apesar de ter obtidos progressos significativos, pode-se levantar questões como falta de estímulos da primeira infância, aspectos socioeconômicos e a falta de acesso à cultura como: cinema, teatro... ou até mesmo alimentação inadequada ou aspectos vulneráveis como negligência familiar, violência física ou verbal, entre outros fatores internos que podem influenciar diretamente na aprendizagem.

Ter habilidades desenvolvidas como atenção, controle e adaptação cognitiva faz com que o indivíduo possa tomar as melhores decisões frente a algumas situações do dia a dia. Inclusive, antecipar um problema é fundamental para um melhor desempenho ao solucioná-lo.

Apesar de já nascermos com as FEs e o ser humano já ter estas habilidades inatas, elas dependem muito da maturação do indivíduo. As vivências e experiências culturais e sociais são fundamentais para que estas habilidades sejam desenvolvidas.

Outro fator que deve ser levado em consideração é que falhas nas habilidades de funções executivas podem trazer prejuízos na linguagem e no processo de alfabetização.

Santos (2015) relata em sua obra que "na década de 2010, diversos estudos demonstraram a plasticidade cognitiva, isto é, a capacidade de melhorar determinada habilidade a partir do treino, com potencial para generalização em situações não treinadas e até mesmo para transferência em medidas de outros construtos."

Essas habilidades devem ser desenvolvidas não apenas em crianças ou jovens que apresentam algum transtorno ou dificuldade, mas reforça-se a importância de trabalhar com estas habilidades também dentro do âmbito escolar.

Após uma pandemia vivenciada em 2020, pelo Covid-19, um vírus que afetou toda a sociedade e, em contrapartida, a escola foi a mais afetada, as aulas deixaram os muros da escola e passaram a acontecer de forma remota.

Neste contexto, os alunos deixaram o convívio social e a interação física, trocando pelo virtual. O resultado é que muitos alunos tiveram prejuízos, pois o foco atencional dentro de casa era muito menor. Crianças que não tinham autonomia tiveram mais dificuldades em realizar as tarefas sem a supervisão do professor fisicamente e até mesmo a organização e planejamento de acompanhar as aulas.

Em contrapartida, crianças que têm maiores habilidades desenvolvidas nas funções executivas conseguiram ter resultados melhores e uma aprendizagem mais significativa.

Diante de fatos como estes, que ninguém estava preparado, foi necessária uma boa flexibilidade cognitiva, atenção e controle inibitório para aprender.

Em outra perspectiva, se de fato as escolas incluíssem em seu currículo escolar atividades que favoreçam o desenvolvimento de memória, atenção, organização, planejamento, controle dos impulsos, criatividade e tomada de decisão consciente, teríamos escolas com resultados melhores na aprendizagem e alunos com habilidades necessárias para o novo futuro e para possíveis mudanças.

Quebrar paradigmas de currículos extensos e preenchimento de papéis, livros e cadernos é um desafio, vale-se também para o uso da tecnologia em excesso. Tecnologia não garante aprendizagem se não tiver alguém que faça mediações adequadas na construção do conhecimento.

De outro lado, o cérebro, a partir de 30 anos, aproximadamente, inicia um processo de declínio cognitivo e, vamos perdendo algumas funções importantes, como controle inibitório, força muscular, falhas na memória, além de alterações nas percepções sensoriais. Com o avanço da idade, alguns aspectos cognitivos começam a chamar mais a nossa atenção ou das pessoas que estão à nossa volta.

Desenvolver e aprimorar as Funções Executivas em qualquer idade é fundamental. Quanto antes estimulamos nosso cérebro e nosso corpo, mais ganhamos "reserva cognitiva" com o passar dos anos. Envelhecer é fato, porém, envelhecer de forma saudável e autônoma é o que todos almejam.

1.1. O que o cérebro nos diz sobre o aprender?

Aprender pode ter várias definições, porém destaco aqui que para aprender é necessário que vários fatores internos e externos estejam adequados e trabalhando em conjunto.

Todo cérebro é capaz de aprender, boa parte do que somos hoje relaciona-se aos fatores genéticos, mas a maioria é influenciada pelo ambiente.

Se uma criança cresce num ambiente saudável, com boa alimentação, nível de escolaridade, família acolhedora, seu cérebro terá um melhor desempenho em relação a uma criança que foi negligenciada ou que sofreu maus tratos.

A neurociência confirma que as emoções positivas melhoram a plasticidade cerebral e a capacidade de aprendizagem. Um ambiente saudável favorece melhores desempenhos cognitivos, sociais e emocionais.

Aquela famosa frase: "cada criança tem seu ritmo", nem sempre é verdade. Conhecer os marcos de desenvolvimento é fundamental para qualquer adulto que lida com crianças e adolescentes. As Funções Executivas são processos cognitivos de altíssimo nível que regulam nossos pensamentos, nossas ações e toda a aprendizagem, incluindo quando queremos alcançar um objetivo.

Anderson (2002), em seu artigo de revisão, relata que "com base em estudos de desenvolvimento e normativos, a maturação dos domínios executivos é mapeada. O controle atencional parece surgir na infância e se desenvolver rapidamente na primeira infância. Em contraste, a flexibilidade cognitiva, o estabelecimento de metas e o processamento de informações passam por um período crítico de desenvolvimento entre 7 e 9 anos e são relativamente maduros aos 12 anos. Acredita-se que um período de transição ocorra no início da adolescência e, logo depois, o "controle executivo" provavelmente surgirá."

As funções executivas se desenvolvem ao longo do tempo, começando na infância e continuando até a idade adulta jovem. Este desenvolvimento está associado ao amadurecimento do córtex pré-frontal e à formação de conexões sinápticas, como mostra a imagem. Áreas mais azuis representam a maturação cerebral, sendo possível ver que o lobo frontal, responsável pelas funções cognitivas e executivas, é a última parte a se desenvolver por completo no cérebro.

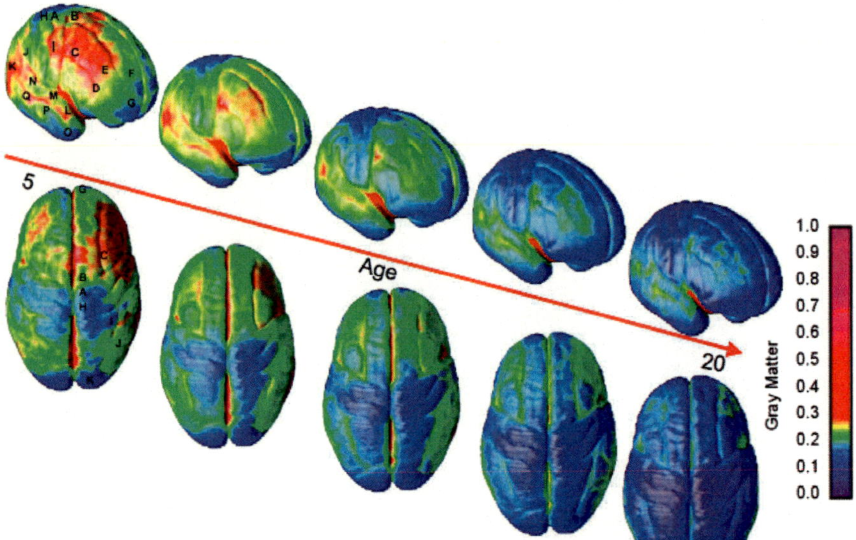

Fonte da imagem: https://www.pnas.org/doi/pdf/10.1073/pnas.0402680101

Durante a infância acontece o desenvolvimento inicial das funções executivas, como a memória de trabalho e o controle inibitório. Já na adolescência, o córtex pré-frontal continua a se desenvolver, melhorando a capacidade de planejamento, tomada de decisões e autocontrole. E, na idade adulta, as funções executivas atingem seu pico de eficiência, com o córtex pré-frontal totalmente desenvolvido.

Segundo o estudo feito por pesquisadores da organização Comitê Científico do Núcleo Ciência pela Infância, realizado pela Fundação Maria Cecilia Souto Vidigal - FMCSV, 2016, o maior pico de desenvolvimento das Funções Executivas acontece na primeira e segunda infância. E, seu desenvolvimento completo das Funções Executivas acontece por volta dos 25 anos.

A OPORTUNIDADE: O DESENVOLVIMENTO DAS HABILIDADES DE FUNÇÃO EXECUTIVA COMEÇA NA PRIMEIRA INFÂNCIA E SE ESTENDE ATÉ A JUVENTUDE

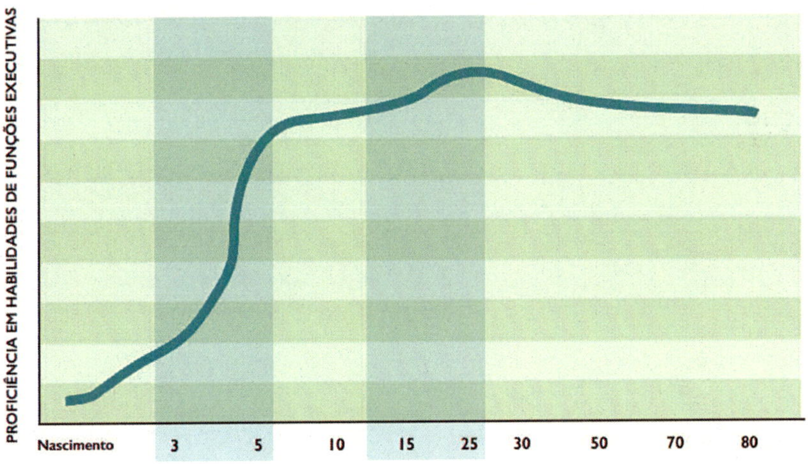

Fonte: versão modificada de Weintraub et al. (2013)[19]

Diante desta abordagem, conclui-se que os estímulos adequados na infância são benéficos ao longo de toda a vida. As habilidades desempenhadas pelas FEs são necessárias para o desenvolvimento de habilidades mais complexas, como raciocínio, linguagem, memória, criatividade, tomada de decisão e planejamento.

Dentre as FEs destacam-se três que permeiam outras. São elas: controle inibitório, o qual é a capacidade de nos mantermos atentos a uma tarefa eliminando os aspectos de distração; flexibilidade cognitiva, sendo a capacidade de mudarmos nossa rota quando algo pode ser melhorado ou não estar dando certo, refere-se a uma mudança de ação; e, memória, a qual é a capacidade de receber, armazenar e recuperar uma informação.

Diamond (2013) relata em suas pesquisas a importância da saúde social, emocional e física para a saúde cognitiva, que o estresse, a falta de sono, a solidão ou a falta de exercício prejudicam os FEs.

Os neurotransmissores, como a dopamina, desempenham um papel crucial na aprendizagem, fortalecendo as conexões neuronais. A dopamina é liberada em situações que o cérebro considera gratificantes, aumentando a probabilidade de repetição de comportamentos associados a essas experiências. Assim, um ambiente positivo e acolhedor facilita a aquisição de conhecimento.

Em situações de estresse, o cérebro libera cortisol, o que afeta diretamente áreas cognitivas e suas respectivas funções, como a memória.

Quem nunca passou por situações de medo que são "apagadas" da nossa memória? Estudar para uma prova durante muito tempo, se preparar anos e na hora deu o famoso "branco".

2

Planejamento e Organização

Planejar é uma capacidade do ser humano de preparar em etapas uma ação para atingir uma determinada meta. Isto é uma habilidade específica da nossa espécie. Mas por que inúmeras pessoas têm dificuldades em planejar seu dia, sua alimentação ou até mesmo suas finanças?

> "O planejamento é uma das funções executivas mais importantes, pois constitui um dos alicerces dos comportamentos complexos. Segundo Malloy-Diniz et al. (2008, p. 195), "o planejamento consiste na capacidade de, a partir de um objetivo definido, estabelecer a melhor maneira de alcançá-lo levando em consideração a hierarquização de passos e a utilização de instrumentos necessários para a conquista da meta".
>
> A avaliação da capacidade de planejamento tem sido tradicionalmente feita por alguns instrumentos,

> como a Torre de Hanói ou a Torre de Londres, que é uma versão adaptada e simplificada da Torre de Hanói, desenvolvida por Shallice e McCarthy, como um procedimento para identificar distúrbios nos processos de planejamento relacionados a alterações nos lobos frontais (Lezak, 1995).
>
> (Artigo de Pesquisa Bol. psicol vol.61 no.134 São Paulo jun. 2011).

Organizar as tarefas do dia a dia também pode ser um desafio para muitos, procrastinar, evitar fazer uma determinada tarefa ou até mesmo distrair-se com outra leva as pessoas a não cumprirem prazos e terem prejuízos sérios na vida social e acadêmica.

Pessoas com Transtorno de Déficit de Atenção e Hiperatividade possuem dificuldades em completar suas tarefas ou fazem múltiplas tarefas ao mesmo tempo, também de forma incompleta.

Não ter planejamento de vida e das tarefas, trazem prejuízos na vida escolar. São crianças e jovens que deixam de realizar as lições, fazem de forma incompleta ou deixam tudo para a última hora.

Como avaliar e ajudar as crianças e jovens a se planejarem melhor, organizar seu dia a dia e otimizar seu tempo?

Além de planejar algumas ações, inclui-se também o fato de replanejar novas estratégias. Esta habilidade é fundamental não apenas no adulto, mas deve ser estimulada nas crianças por atividades em casa, na escola e em consultórios.

Como já é comprovado, o nosso cérebro possui a neuroplasticidade, uma capacidade de se reorganizar e buscar outros caminhos para aprendizagem, portanto, se existe neuroplasticidade existem também formas para aprender novas habilidades.

ESTRATÉGIAS PARA SE ORGANIZAR MELHOR, PLANEJAR E EXECUTAR AS AÇÕES:

O primeiro passo é estabelecer seu objetivo, qual a sua meta? Estabeleça metas simples e curtas primeiro, utilize o tempo ao seu favor. Evite distrações como responder uma mensagem no smartphone, levantar para comer, beber água...

Após estabelecer a sua meta, determine agora o tempo. Será que 20 minutos são suficientes para realizar o que necessita, por exemplo, arrumar os materiais escolares, ler duas páginas de um livro, escrever uma folha de um relatório?

Utilize um calendário e coloque suas tarefas da semana, depois do dia. Sempre priorize as tarefas menores e a curto prazo primeiro para depois realizar as maiores.

Sinalize as tarefas cumpridas e comemore! Alguns jogos ou instrumentos ajudam muito.

A Torre de Hanói, labirintos e jogos colaborativos são excelentes recursos.

No artigo publicado pela Psicol. hosp. (São Paulo) v.5 n. 2 em 2007 é destacado que há três tipos de torres: de Londres, de Hanói e de Toronto.

Dias, Meneses e Seabra (2012) consideram que para avaliar a capacidade de planejar são necessários instrumentos padronizados que mensurem o planejamento, complementando a avaliação neuropsicológica. Para as tarefas do dia a dia, uma das funções executivas que deve ser preservada é o planejamento, desde uma compra ao supermercado até a realização de tarefas mais complexas.

Um dos instrumentos mais utilizados é a Torre de Londres, desenvolvida por Shallice em 1982, visando fornecer dados de forma progressiva. É a versão mais simplificada, ela consiste em rearranjar 3 peças coloridas ou contas de sua posição inicial em 2 de 3 pinos para um novo conjunto de posições pré-determinadas. Níveis de dificuldade dependem do número e complexidade dos objetos secundários requeridos para alcançar o arranjo desejado. É possível encontrar todas as normas de aplicação no livro Atenção e funções executivas, das autoras Dia e Mecca (2012),

A Torre de Hanói (ToH) possui um nível de complexidade intermediário em relação às outras duas (Lezak, 2004). Lent (2001) descreve a ToH: três hastes verticais nas quais se encaixam aros coloridos de diâmetros diferentes na situação de partida, dispostos na haste da esquerda em ordem decrescente. O problema consiste em mover os aros de uma haste à outra, até chegar à mesma arrumação na haste da direita. Os dois requisitos são sempre manter os maiores embaixo dos menores e mexer apenas uma peça de cada vez. O objetivo é passar todos os discos em menor quantidade possível de movimentos.

A Torre de Toronto é a que possui maior complexidade: um quarto bloco de anéis é usado, de mesmo tamanho e cores diferentes: branco, amarelo, vermelho e preto. As cores mais claras sobre as mais escuras são postas à medida que se move o conjunto.

Mais estratégias...

- Regularize seu sono: procure acordar e dormir aproximadamente no mesmo horário.
- Organize uma agenda, anote suas tarefas diárias.
- Procure manter seus pertences sempre no mesmo local. E, ao utilizá-lo, coloque-o de volta.
- Coloque lembretes em casa ou no trabalho. Etiquetas adesivas coloridas funcionam bem.
- Para a criança, monte um calendário com as tarefas diárias e coloque em um local de visibilidade. A cada tarefa cumprida, elogie com uma recompensa afetiva (uma estrela, um coração, um beijo...).
- Nosso cérebro libera diversas substâncias ativadas pelo sistema de recompensa, como dopamina e serotonina. Então, ao cumprir uma meta, estabeleça uma própria recompensa. Que tal assistir àquele filme que você tanto queria?
- Use planos, calendários, listas de tarefas ou aplicativos digitais para manter o controle de tarefas e prazos.
- Estabeleça metas: defina claramente o que você deseja alcançar e quebrar metas maiores em tarefas menores e gerenciáveis.

- Priorizar: Determine quais tarefas são mais importantes e resolva-as primeiro.
- Gerenciamento de tempo: aloque recursos específicos, intervalos de tempo para diferentes tarefas ou atividades.
- Técnicas como a Técnica Pomodoro podem ajudar a gerenciar o tempo de forma eficaz.
- Organize seu espaço: mantenha seu ambiente físico organizado. Um espaço de trabalho limpo e organizado pode melhorar foco e produtividade.
- Crie rotinas: estabelecendo rotinas diárias ou rotinas semanais, podem ajudar a estruturar seu tempo e facilitar o planejamento.
- Delegar: Se possível, delegue tarefas para outros para gerenciar sua carga de trabalho de forma mais eficaz.
- Visualize: Use ferramentas como a mente, mapas ou fluxogramas para visualizar seus planos ou projetos.
- Estabeleça a si bastante tempo para concluir tarefas ou projetos para evitar o estresse de última hora.
- Pratique Mindfulness: permanecendo presente e focado, dessa forma você pode entender melhor o que precisa ser feito e planejar adequadamente.

- Ensaie e revise: revisite seu planejamento regularmente para garantir que eles ainda sejam relevantes e ajuste se necessário.
- Elimine distrações: minimize interrupções ao planejar ou trabalhar nas tarefas.
- Pausas regulares: faça pausas regulares durante as tarefas para evitar esgotamento e manutenção da produtividade.
- Aprendizagem contínua: esteja sempre aberto para aprender novas estratégias ou ferramentas para melhorar o planejamento e a organização.
- Procure suporte ou ajuda de um profissional caso perceba que não conseguirá cumprir as etapas.

3

Atenção

Muitas vezes, devido à correria do dia a dia, deixamos passar desapercebidos detalhes importantes. Alguns não fazem a diferença e não acarretarão prejuízos, porém nem sempre isto é verdadeiro. Na escola, no trabalho ou na vida social, um erro pode gerar sérios problemas.

Imagine um enfermeiro que troca as medicações que possuem frascos parecidos? Ou que, em casos extremos, esquece instrumentos cirúrgicos dentro dos pacientes? Você já deve ter escutado casos assim.

Estes exemplos demonstram a importância não apenas de manter nosso foco atencional, mas sim de estar atento aos detalhes e nossa capacidade de observação.

A atenção é uma habilidade que temos que desenvolver e treinar, é uma habilidade cognitiva para manter o foco em uma determinada situação, eliminando os estímulos externos e internos.

Atualmente, num ambiente em que fomos invadidos pela tecnologia, as crianças e jovens estão cada vez mais submersos a muitos estímulos e na escola há prejuízos e desatenção, como dito por muitos educadores.

Diante de uma leitura, de um trabalho ou de uma avaliação, é necessário eliminar estes estímulos e ter a manutenção desta atenção para poder ter bons resultados.

Para Dias e Mecca (2015), "durante o processo de desenvolvimento humano, maturações do sistema nervoso se expressam por meio da eficácia de processos cognitivos e de controle comportamental. À medida que as crianças vão crescendo, melhoram consequentemente suas habilidades de direcionamento e manutenção da atenção". (...) Crianças com transtorno de déficit de atenção "apresentam prejuízos na inibição de respostas, erros de monitoramento, de desengajamento da atenção, na atenção executiva e na aversão à demora que afetam sua apreensão do ambiente."

Seabra e Dias (2012), relatam que a união dos três fatores de funções executivas: memória de trabalho, alternância e controle inibitório, estão relacionadas a ter "autocontrole, poder ter atenção seletiva e sustentada, manipular mentalmente as ideias, relacionar ideias atuais e anteriores, mudar perspectivas, adaptar-se a mudanças. Elas são necessárias sempre que o funcionamento automático não for adequado ou suficiente, por exemplo, ao aprender coisas novas, raciocinar ou resolver problemas, ou concentrar-se em meio a um ambiente distrator."

Na literatura científica, encontramos algumas subdivisões para a habilidade de atenção:

- Atenção seletiva: é a capacidade de eliminar estímulos que interfiram na sua atenção, priorizando o que é mais importante naquele momento.
- Atenção dividida: é a capacidade de manter sua atenção em duas tarefas ao mesmo tempo, isto acontece muito quando automatizamos uma das tarefas. Por exemplo: dirigir e conversar com alguém ao mesmo tempo. Mesmo realizando uma tarefa de memória automatizada, você consegue manter-se atento à fala de alguém ou acompanhar o GPS. Isto não irá interferir em seu desempenho no ato de dirigir, caso o semáforo feche ou alguém ultrapasse seu veículo.
- Atenção concentrada e sustentada é aquela em que o indivíduo se mantém em uma tarefa por um tempo determinado, eliminando fatores externos e internos que possam interferir. Por exemplo: ao ler um livro, ficar sentado na sala de aula prestando atenção no professor, mesmo que com fome ou o barulho externo interfira. Há diversos estudos que mostram que as crianças e jovens não conseguem manter sua atenção por mais de 20 minutos em uma determinada tarefa.

Manter-se atento às tarefas é um dos fatores primordiais para a aprendizagem e podem causar prejuízos quando a criança não realiza com eficiência uma determinada tarefa pelo fato da dispersão.

Mas o que pode causar a dispersão em sala de aula?

Aspectos externos (barulho de outras crianças gritando no intervalo, som alto ou ruídos), fatores internos (fome, frio, calor) são os maiores responsáveis para a distração. E, por que tudo isto aparece muito mais na escola do que em outros ambientes? Pelo fato da criança ter que ser mais ouvinte e menos protagonista.

Ser um bom ouvinte também deve ser treinado. Uma das funções executivas mais estudadas está relacionada ao foco atencional. E para manter a atenção é necessário que estejamos em sinal de alerta e vigília, por este motivo que o cansaço e o sono interferem.

3.1. Como ajudar os alunos a manter o foco atencional?

O que será que acontece quando esquecemos onde colocamos a chave do carro? Ou deu aquele famoso "branco" na prova?

Muitas vezes, o fato de esquecer alguns pontos do dia a dia está relacionado ao excesso de estímulos que estamos enfrentando e informações que mudam em milésimos de segundo. Somos bombardeados a todo momento por mensagens, imagens, sons...

Segundo Aguilar (2021), falhas na atenção podem trazer dificuldades em iniciar uma ação, terá diminuição de motivação, problemas no planejamento e na manutenção.

Na sala de aula, os estímulos são menores, porém não menos importantes. A voz do professor, a lousa com textos, os colegas levantando, conversas paralelas ou até mesmo o barulho de crianças no intervalo são fatores que podem tirar a atenção do aluno. Aqui não me aprofundarei ao Transtorno de Déficit de Atenção e Hiperatividade, mas sim no contexto diário de manter-se atento para o dia a dia.

CÉREBRO É...

- **CURIOSO:** Inicie a aula com uma pergunta. Nunca dê respostas. Deixe que os alunos levantem hipóteses sobre o assunto que será trabalhado na aula. Desta forma, já desperta na turma a curiosidade.
- **BEM-HUMORADO:** Utilize doses de bom humor na aula. Durante a explicação, conte algo engraçado sobre o assunto. Isto gera vínculo com os alunos e proporciona a atenção de volta ao conteúdo que está sendo explanado.
- **ATIVO:** nenhum aluno aprende de forma passiva, proporcione aulas em grupo, dinâmicas, onde um aluno ensina para o outro. A troca entre pares fundamenta o conteúdo.

- **COMUNICATIVO**: falar o que aprendeu é um dos pilares para manter a atenção e memorizar o que foi aprendido. Em determinados momentos, peça aos alunos que falem para os colegas em poucas palavras o que aprenderam. Trabalhos em grupo são recursos excelentes para a aprendizagem.
- **MUSICAL:** envolver a música traz grandes benefícios ao cérebro, que libera substâncias de bem-estar como dopamina, serotonina e noradrenalina, entre outras. Além de ser uma porta aberta para a aprendizagem. A música estimula linguagem, criatividade e nos remete a lembranças boas ou ruins, dependendo da circunstância em que ela foi ouvida. Apesar de tantos benefícios, ainda se incluem as memórias no idoso, trazendo a sensação de prazer e alegria. Criar paródias também é um excelente recurso.
- **CONTADOR DE HISTÓRIAS:** ouvir histórias gera conexão do emissor com o receptor. Esta conexão libera diversas substâncias no cérebro, além de gerar emoção. Se a memória passa pelo filtro da emoção, contar histórias é um excelente recurso. O professor pode criar histórias envolvendo o conteúdo programático ou solicitar que os próprios alunos criem suas histórias partindo de um determinado tema.
- **VISUAL:** recursos visuais devem ser utilizados na medida certa, salas com muitos cartazes e painéis geram descon-

forto e uma poluição visual que acaba sendo um fator de distração durante a aula. O uso de imagens favorece a aprendizagem, mas deve estar contextualizado com o conteúdo. O uso de cores para destacar frases mais importantes conecta o cérebro mostrando o que é mais relevante.

- **ESCRITOR:** escrever o que o professor fala ou o que acabou de aprender também faz com que o cérebro registre o que é importante e estimula a memorização. Um mapa mental e organogramas são excelentes recursos.

Dentre os fatores e dicas citados para manter o foco atencional é preciso certificar-se de que a criança não possui interferência de fatores externos como calor, frio, fome ou sono. E, também, fatores internos como dores, febre, resfriada... Aspectos que envolvem a emoção também podem interferir na atenção e na aprendizagem, como: agressões verbais ou físicas, luto na família, separação dos pais, entre outros.

4

Controle inibitório e autocontrole

Saber ouvir é uma arte e saber o momento de falar é uma regra de ouro.

Ribeiro (2012), coloca que saber ouvir é uma habilidade que pode ser desenvolvida. O autor dá algumas sugestões para ser um bom ouvinte:

1. Assuma o compromisso consigo de treinar diariamente a concentração, inicie com períodos curtos (10 minutos) e vá ampliando gradualmente.

2. Escolha as aulas em que tem mais facilidade de aprender ou em que gosta mais dos assuntos, como "aulas-piloto", pois fica mais fácil reter sua atenção; depois estenda para as demais matérias.

3. Procure sentar nas carteiras próximas ao professor; isso vai diminuir muito possíveis dispersões.
4. Evite sentar próximo aos seus amigos, com quem tem mais afinidade; dessa forma, reduzirá a tentação em realizar conversas paralelas às explicações.
5. Exercite o ato de ouvir as ideias do professor por completo antes de interrompê-lo com perguntas ou opiniões.
6. Vigie-se em relação ao seu comportamento de escuta, veja se sente ansiedades, impaciências, sonolências ou devaneios – mecanismos inconscientes de fuga da aula. (Ribeiro, 2012)

E qual a relação entre controle inibitório e saber ouvir? O que isto interfere na aprendizagem?

Controle inibitório é uma habilidade de controlar e inibir respostas que podem ser por fatores externos e internos. Este controle é necessário para eliminar as distrações externas e controlar os impulsos para manter-se em determinada tarefa.

Crianças com falhas no Controle Inibitório tendem a ter as seguintes características:

- Podem ser mais impulsivas, não esperam sua vez de falar e interrompem os outros frequentemente;
- Apresentam dificuldades em completar as atividades;
- Envolvem-se em conflitos com os colegas;

- São mais agitadas;
- Contam os fatos e não conseguem guardar segredos.

Dias e Mecca (2015) ainda complementam que crianças com déficit no controle inibitório podem apresentar dificuldades em leitura, entregar a prova sem conferir e podem ser consideradas intrometidas e insensíveis.

Crianças pequenas ainda não desenvolveram totalmente o controle inibitório; por isso, apresentam dificuldades em resistir a um doce, um brinquedo ou manter-se sentada por um longo período. Neste momento, podem surgir as famosas "birras", escândalos ou gritos e choros para conseguir o que desejam.

Inibir fatores de distração e manter o controle nem sempre é fácil para as crianças e jovens, que podem ser levados a ingerir bebidas com álcool e substâncias químicas. Têm dificuldade em dizer não para os colegas.

Este comportamento também é muito comum em quem tem TDAH (Transtorno de Déficit de Atenção e Hiperatividade).

Estratégias para aprimorar o controle inibitório e manter o foco atencional

- **PRÁTICA DE MINDFULNESS:** Praticar Mindfulness pode ajudar você a permanecer presente e consciente de suas ações e reações, que podem ajudar no controle dos impulsos.

- **EXERCÍCIOS DE RESPIRAÇÃO PROFUNDA:** técnicas podem ajudar a acalmar a mente, permitindo uma tomada de decisão mais consciente e menos imprevisível.
- **TÉCNICAS COMPORTAMENTAIS COGNITIVAS:** Técnicas como "PARE e PENSE" podem treinar a mente para fazer uma pausa antes de agir por impulso.
- **HÁBITOS DE SONO SAUDÁVEIS:** a falta de sono pode contribuir para comportamento impulsivo. Certifique-se de que você está recebendo o suficiente sono restaurador todas as noites.
- **DIVIDA TAREFAS GRANDES EM ETAPAS MENORES**: isso pode tornar a tarefa menos cansativa e reduzir o impulso para evitá-lo ou acelerar para terminar rápido.
- **ESTABELEÇA METAS E PRAZOS CLAROS:** sabendo exatamente o que você almeja pode ajudar a gerenciar a impulsividade.
- **USE LEMBRETES VISUAIS:** dicas visuais podem servir como lembretes para fazer uma pausa e pensar antes de agir.
- **PRATICANDO A GRATIFICAÇÃO ADIADA:** treine-se para esperar recompensas. Isso pode ser tão simples quanto esperar 15 minutos antes cedendo a um desejo.
- **TÉCNICAS DE GERENCIAMENTO DE ESTRESSE:** relaxamento regular e o gerenciamento do estresse podem re-

duzir a impulsividade, diminuindo níveis gerais de ansiedade e estresse.

- **LIMITAR A EXPOSIÇÃO A GATILHOS:** Se certas situações ou substâncias desencadeiam comportamento impulsivo, tente limitar a exposição.
- **MEDITAÇÃO:** A meditação regular pode ajudar a treinar seu cérebro para resistir a agir por impulsos.
- **MANTENHA UMA DIETA BALANCEADA:** certas deficiências nutricionais podem contribuir para a impulsividade. Tente manter uma dieta equilibrada para apoiar a saúde geral do cérebro.
- **REGISTRO NO DIÁRIO:** escrever sobre seus sentimentos e impulsos pode fornecer informações sobre padrões e gatilhos, ajudando você a controlá-los melhor.
- **AJUDA PROFISSIONAL:** Se a impulsividade estiver causando problemas significativos em sua vida, considere procurar ajuda de um especialista.

5

Tomada de decisão consciente ou inconsciente

Controle das emoções

Pense na seguinte situação: João estava na fila da cantina para pegar o lanche, quando outro colega, que brincava de pega-pega, sem querer, derrubou o suco que João segurava e molhou seu uniforme. No mesmo instante, João bate neste colega. Quem está errado? Como você avalia a impulsividade de João? Foi ação e reação? Ou simplesmente João deveria ter pensado antes de agir?

Agora, vamos para você, quanto professor, qual seria a atitude mais sensata entre os dois e como você mediaria a situação?

O córtex pré-frontal é a área do cérebro responsável pela tomada de decisão. O processamento de tomada de decisão acontece de forma tanto consciente quanto inconsciente.

A tomada de decisão é uma habilidade que deve envolver análise e escolha das melhores ações. O sucesso acadêmico depende muito dessa tomada de decisão consciente entre a procrastinação e a execução.

A procrastinação também é um ponto que acomete boa parte dos jovens, o adiar, planejar e executar exige várias áreas relacionadas às funções executivas.

Voltando às situações anteriores, você acredita que João se arrependeu?

Kahneman (2012) coloca que "arrependimento é uma emoção, e é também uma punição que impingimos a nós mesmos. O medo do arrependimento é um fator considerado em inúmeras decisões tomadas pelas pessoas ("Não faça isso, você vai se arrepender" é uma advertência comum), e a experiência real de arrependimento é familiar."

Arrepender-se de uma determinada atitude pode relacionar-se ao fato de ter uma nova chance, que poderia ter sido pensada antes de agir.

As ações e a nossa tomada de decisão repentina podem ser associadas a uma região cerebral que é a amígdala, responsável pela ansiedade e para a preservação da espécie.

Imagina outra situação em que você faz a leitura desse livro e, de repente, um incêndio toma conta do local onde você se encontra, qual sua reação? Sair correndo? Pedir ajuda? Tentar apagar o fogo? Neste exato momento, a amígdala entra em ação e libera substâncias como o cortisol para inibir alguns comandos e ativar outros. Seus batimentos cardíacos aceleram, aumentam oxigenação para que você possa sobreviver. Em contrapartida, pode inibir aspectos como a memória.

"*A amígdala é uma estrutura que exerce ligação essencial entre as áreas do córtex cerebral, recebendo informações de todos os sistemas sensoriais*. Estas, por sua vez, projetam-se de forma específica aos núcleos amigdalianos, permitindo a integração da informação proveniente das diversas áreas cerebrais, através de conexões excitatórias e inibitórias a partir de vias corticais e subcorticais" (Esperidião- Antonio et al, 2008).

O medo pode desencadear ações de luta ou de fuga que paralisam as ações futuras. Algumas atitudes são inconscientes quando percebemos que o ambiente é ameaçador.

O importante é desenvolver, nas crianças e jovens, as habilidades de tomada de decisão consciente, o que nem sempre é fácil.

Algumas técnicas para controlar os impulsos e pensar sobre as ações antes de executá-las mostram sua eficácia, como meditação, mindfulness, que refere à "atenção plena", uma prática de se concentrar completamente no presente, além de brincadeiras como:

Técnica da Tatacalma

Com a imagem da tartaruga, chamada TATACALMA, a criança coloca o animal de ponta cabeça. Enquanto a tartaruga estiver de ponta cabeça é o momento da criança pensar. Depois, conta até três, respira e pensa numa solução diferente para aquela ação. Funciona bem com crianças entre 3 e 8 anos.

TATACALMA PENSANDO

TATACALMA RESOLVEU O PROBLEMA

TÉCNICAS DE REESTRUTURAÇÃO COGNITIVA

As técnicas de reestruturação cognitiva podem ajudar a identificar e mudar padrões negativos de pensamento que levam ao descontrole emocional.

- **CONEXÕES SOCIAIS:** fique conectado com amigos e familiares que o apoiam. Mantenha relações saudáveis que podem fornecer emoções para ajudar e apoiar.
- **PRATICANDO GRATIDÃO:** Gratidão diária e exercícios de respiração podem ajudar a mudar seu foco de emoções negativas para positivas.
- **RISO E HUMOR:** Incorporando humor em sua vida pode ajudar a reduzir o estresse, melhorar o humor e promover uma atitude positiva diante das ações do dia a dia.
- **TERAPIA OU ACONSELHAMENTO:** um profissional pode fornecer sob medida
- **ESTRATÉGIAS PARA GERENCIAR EMOÇÕES**: como a terapia cognitiva comportamental.
- **COMUNICAÇÃO ASSERTIVA:** Expresse seus sentimentos de uma forma respeitosa e assertiva.
- **LIMITE O USO DE CAFEÍNA E ÁLCOOL**: estas substâncias podem desencadear ou exacerbar instabilidade emocional em algumas pessoas.

- **PRATIQUE A CONSCIÊNCIA EMOCIONAL:** identifique e reconheça suas emoções. Compreender como as emoções influenciam o seu comportamento pode melhorar o automonitoramento.

5.1. Uma pausa...

Terapia Cognitiva Comportamental e a prática de Mindfulness

> "Somos o que pensamos. Tudo o que somos surge com nossos pensamentos. Com nossos pensamentos, fazemos o nosso mundo."
>
> Siddhartha Gautama

Você consegue descrever o que é um pensamento? Ou o ato de pensar?

Muitas vezes, nossos pensamentos invadem nossa mente sem pedir licença, estamos sempre envolvidos no "piloto automático".

Observe estas imagens e, se possível, anote o que lhe vêm à mente ao observar cada uma.

A primeira imagem, para alguns pode remeter ao medo, enquanto para outros não fez nenhuma diferença. Já na segunda imagem, provavelmente, você teve uma sensação boa, de paz, tranquilidade.

Desde a Antiguidade, grandes filósofos buscavam respostas para a formação do pensamento e da mente. Hipócrates já retratava que o cérebro é a sede das sensações, o órgão dos movimentos e dos juízos.

Se voltarmos na história, encontraremos desde Aristóteles, Freud, Descartes e Nietzsche buscando explicações para os pensamentos e sua origem. Alguns filósofos defendiam que a mente era separada do corpo.

René Descartes, filósofo e matemático, em sua obra Discours de la Méthode / "O Discurso do Método", publicada em 1637, em Leiden, Holanda, já tratava do pensamento "Penso, logo existo!"

Nosso pensamento está relacionado com nossa memória e o que construímos ao longo da vida, porém não é possível mensurar nossos pensamentos.

Se eu pedir para você pensar agora numa casa vermelha, não terei certeza se pensou ou não, mesmo se eu abrir seu crânio e analisar. Já tem muitos estudos recentes em Neurociência sobre a formação do nosso consciente, inconsciente e sobre a teoria da mente.

Aaron Beck, psicanalista, criador da TCC (Terapia Cognitivo-Comportamental), em recente entrevista já coloca as contribuições da Neurociência para avançar nos tratamentos terapêuticos.

As terapias cognitivas começaram a surgir por volta de 1960, devido a uma insatisfação com alguns modelos que desconsideravam o aspecto cognitivo nos processos terapêuticos. Inclusive pelo fato de não ter validação médica, isto gerou uma corrente pela busca de evidências científicas que comprovassem sua eficácia, sendo validada pelo psicanalista Dr. Aaron Beck.

> "Aaron T. Beck, MD, é mundialmente reconhecido como o pai da terapia cognitiva (TC) e um dos principais pesquisadores do mundo em psicopatologia. Ele foi creditado por moldar a face da psiquiatria americana, e The American Psychologist o chamou de "um dos cinco psicoterapeutas mais influentes de todos os tempos".
>
> (informação disponível em: https://beckinstitute.org/team/dr-aaron-t-beck/ Acesso em 15/01/2021, às 10h13)

Ao mesmo tempo que surgiam muitas evidências que alguns modelos de terapia não eram eficazes, inicia-se uma busca para compreender melhor o comportamento humano através dos aspectos cognitivos, ou seja o cognitivo interfere diretamente no comportamento do indivíduo.

Segundo o artigo publicado na Revista Brasileira de Terapias Cognitivas, em 2017, destaca-se as diferenças entre as terapias cognitivas comportamentais e as construtivistas.

"Os modelos cognitivo-comportamentais têm origem mais clara nas terapias comportamentais, que incluem as estratégias de solução de problemas. Foram desenvolvidos por teóricos com treinamento comportamental, tais como Meichenbaum (1997), Barlow (Barlow & Cerny, 1999), Lineham (1993), entre outros, os quais conceituam o pensamento de forma mais concreta, ou seja, como um conjunto de autoenunciados encobertos que também podem ser influenciados pelas mesmas leis do condicionamento. Sua tarefa consiste em ensinar habilidades cognitivas específicas (Hollon & Beck, 1994, citado por Caro Gabalda, 1997).

Os modelos construtivistas, representados por Guidano & Liotti (1983), Mahoney (1998), e Neimeyer (1997), partem do pressuposto de que os seres humanos são participantes proativos (e não passivos de forma reativa) em suas experiências (percepção, memória e conhecimento). Assim, o conhecimento humano é: interpessoal, evolutivo e proativo; opera em níveis tácitos; a experiência humana e o desenvolvimento pessoal refletem processos individualizados, auto-organizadores, que favorecem a manutenção dos padrões experienciais (Caro Gabalda, 1997)."

(Revista Brasileira de Terapias Cognitivas, 2017, Bernard Pimentel Rangé; Eliane Mary de Oliveira Falcone; Aline Sardinha)

Dr. Aaron Beck, um psicanalista, busca a validação e inicia pesquisas sobre a eficácia das terapias. Dentro deste contexto, iniciou sua busca com pacientes depressivos, no qual começa a percorrer um novo caminho entre o cognitivo e o comportamento. Começou a pesquisar os sonhos destes pacientes em depressão e percebe uma semelhança e uma relação entre os sonhos e quando o paciente estava acordado. Investigou o fracasso, as perdas e os pensamentos.

Através desta investigação e amplo trabalho para modificar os pensamentos destes pacientes, consegue validar a eficácia o que denominou como Terapia Cognitivo-Comportamental, sendo que seus pacientes começam a ter melhoras significativas sem o uso da medicação.

> "Como resultado de suas descobertas, o Dr. Beck começou a procurar outras maneiras de conceituar a depressão. Ele descobriu que pacientes deprimidos experimentavam fluxos de pensamentos negativos que pareciam surgir espontaneamente. Ele chamou essas cognições de "pensamentos automáticos". Ele descobriu que os pensamentos automáticos dos pacientes se enquadravam em três categorias. Os pacientes tinham ideias negativas sobre si, o mundo e / ou o futuro"
>
> (disponível em: https://beckinstitute.org/about-beck/history-of-cognitive-therapy/ Acesso em 14/02/2021, às 9h19)

Atualmente é uma das teorias mais pesquisadas, onde demonstra sua eficácia em diversos transtornos que podem ser encontrados no DSM5, que é o Manual de Diagnóstico e Estatístico de Transtornos Mentais 5.ª edição feito pela Associação Americana de Psiquiatria para definir como é feito o diagnóstico de transtornos mentais. Este Manual é utilizado por muitos especialistas da área médica, psicólogos, entre outros.

Quase não temos controle sobre nossos pensamentos, quando digo quase é porque muitos chegam à nossa mente sem pedir licença e invadem, transbordando através das emoções. São as emoções que darão pistas sobre nossos pensamentos.

A memória é muito importante no contexto para a compreensão dos nossos pensamentos.

Mente e cérebro estão muito mais ligados do que pensamos. Então, como o pensamento funciona?

Tudo começa no ambiente externo, suas percepções, os estímulos, todas as informações chegam ao seu cérebro através das sensações táteis, visuais, auditivas, olfativas e gustativas. Estas informações chegam ao nosso cérebro e são registradas em nossa memória de trabalho, que vai processar conscientemente os estímulos recebidos, com a memória a longo prazo. Envolve realidade, regras, problemas e crenças.

Quando você se depara com um problema, essa informação chega à memória de trabalho ou operacional e depois cabe ao pensamento encontrar estratégias para solucioná-lo. Para isso, vamos precisar buscar informações e experiências anteriores que nos ajudarão a resolver a situação em que está à frente.

Pensamento consciente te ajuda a resolver os problemas

Quando você tem um problema novo, ele pode ter proporções gigantescas, pois não sabemos como resolvê-lo, não temos em nossa memória experiências parecidas e, com isso, ficamos sem saber como agir e como encontrar possíveis estratégias de solução.

O pensamento é único, não importa se ele é verdadeiro ou não, cada um tem seus próprios pensamentos de acordo com suas vivências ou experiências. O que importa é o prejuízo ou benefícios que ele causa na pessoa.

Por exemplo: um aluno que tira 5,0 está muito feliz porque conseguiu a média, enquanto o que tirou, 9,5, chora porque não atingiu a nota máxima.

O que um pensamento significa para você e sobre você, são pontos para identificar as crenças funcionais e suas emoções.

Pare agora e responda onde está seu pensamento neste exato momento? Está concentrado na leitura ou há pensamentos automáticos que invadem sua mente na leitura do livro?

Dentre muitas estratégias de tratamento, duas trazem excelentes resultados além das terapias cognitivas, mas para todos: a meditação e o mindfulness.

E, agora, onde está sua atenção? Está na leitura? Ou está no passado? Ou em situações que virão. Qual a sua atenção? Onde quero estar?

Mindfulness é um estado mental de atenção e é fundamental que o aplicador tenha conhecimento desta técnica e nem sempre o terapeuta está apto a realizar. O terapeuta percebe a necessidade do paciente, porém faz a indicação para um especialista que conheça muito bem a técnica do mindfulness.

Já a meditação inclui inúmeras práticas. Tem práticas de meditação religiosa, espiritual, com focos específicos, mas nem todas elas têm o objetivo de aumentar nossa capacidade de atenção.

O objetivo principal de Mindfulness não é técnica de respiração, não é técnica de relaxamento, não trata ansiedade, mas pode ajudar como um efeito de sua prática, não é o objetivo principal.

Na prática de Mindfulness, você tem toda a atenção para aquilo que está fazendo no presente, naquele exato momento. Exemplo: ao tomar banho, sua atenção está concentrada na temperatura da água, nos movimentos, no cheiro do sabonete...

Um passeio sobre as emoções

Compreender e identificar as emoções que estamos sentindo é o primeiro passo para um autocontrole e autorregulação. Por que algumas vezes você teve que se controlar para não falar algo inadequado para seu chefe ou para um colega de trabalho?

Aguilar (2022) trata em sua obra a importância das emoções e aprender a controlar suas emoções e tomar decisões conscientes são aspectos almejados por todos.

Mas o que acontece quando nossas emoções prevalecem a razão? O que acontece no cérebro que as reações emocionais podem ser desastrosas numa relação seja entre os familiares quanto na escola?

Quando duas crianças brigam devido a um brinquedo, quais seriam as melhores condutas? E como fazer com que o aluno aprenda mais e melhor, baseando nas habilidades socioemocionais?

Canettieri (et al, 2021) faz menção a uma crítica de trabalhar com as questões socioemocionais impostas pela BNCC. "As condições socioemocionais serão sempre circunstanciais, portanto imprevistas e não planejáveis. Assim sendo, nos preocupa a tentativa de imposição do 'tipo ideal' para um mundo globalizado e unívoco". Ainda se amplia a discussão sobre esta imposição e que escolas vislumbram o fato de trabalhar com as competências socioemocionais.

Em contrapartida, Goleman e Senge (2015) relatam a importância de trabalhar com as crianças a Inteligência Emocional nas escolas e, à medida que este trabalho é integrado com as famílias, teremos alunos mais felizes.

Assim como Jean Piaget (1896-1980) e Lev Vygotsky (1896-1934), o psicólogo Henri Wallon (1879-1962) debruçou estudos sobre a importância da afetividade e defende que há uma integração em três dimensões: motora, cognitiva e afetiva. Wallon mostra que a afetividade é expressa de três maneiras: por meio da emoção, do sentimento e da paixão. E que a relação do homem com o meio em que vive afeta sua forma de agir, existe uma relação entre a ação e sua interação.

Uma abordagem de Wallon é que a inteligência se desenvolve após a afetividade. Isto é sabido pela Neurociência que a inteligência é inata, porém o contato com o meio e os estímulos podem alterar este percurso tanto de forma positiva quanto negativa, o que se nomeia como epigenética.

> "A palavra epigenética se refere a alterações persistentes do DNA que não envolvem mudanças na sequência em si (...). A epigenética também está envolvida em alguns segredos da hereditariedade. Nossos pais dão, separadamente, contribuições genéticas iguais para sermos quem somos. Suas contribuições epigenéticas, porém, são desiguais. Faz diferença herdar alguns genes do pai ou da mãe. Esses genes são epigeneticamente ativados quando recebidos por via materna e inativados quando nos chegam por via paterna (e vice-versa). Outros estados epigenéticos, alguns deles desencadeados por fatores ambientais, podem ser transmitidos de avós para netos." (Francis, 2015)

Se mudamos a estrutura cerebral de acordo com nossas vivências, pode-se afirmar, então, que aprendemos com o meio em que vivemos e com a interação entre pares. Por que então há pessoas que aprendem com mais facilidade do que outras?

Qual a relação entre o que o homem pensa, aprende e comanda suas ações?

Kandel (2010) desenvolveu seu trabalho na relação mente e cérebro, referindo-se como ciência e é por isso que o homem evoluiu no decorrer de tantos anos. E isso se deve à memória, uma das capacidades mais estudadas e fascinantes do homem. A memória também é responsável pela transmissão de cultura e conhecimento.

Em crianças que não conseguem expressar seus sentimentos, é preciso perceber o que o corpo demonstra, o olhar, os movimentos e a expressão facial vão dando sinais de alegria ou descontentamento, apesar do autista ter muitas dificuldades em reconhecer as expressões faciais.

> "As emoções atuam como um sinalizador interno de que algo importante está ocorrendo, e são, também, um eficiente mecanismo de sinalização intragrupal, já que podemos reconhecer as emoções uns dos outros e, por meio delas, comunicar situações e decisões relevantes aos demais indivíduos ao nosso redor." (Consenza e Guerra, 2011)

A palavra emoção, do latim *emovere,* significa "colocar em movimento". Promove uma reação ao estímulo. Para muitos especialistas as emoções podem ser primárias ou secundárias.

Primárias: são as emoções inatas, para nossa defesa. Damásio (2012) relata em sua obra que a reação emocional pode atingir alguns objetivos úteis: por exemplo, esconder-se rapidamente de um predador ou demonstrar raiva em relação a um competidor. No entanto, o processo não termina com as alterações corporais que definem uma emoção. O ciclo continua, pelo menos nos seres humanos, e o passo seguinte é a sensação da emoção em relação ao objeto que a desencadeou, a percepção da relação entre objeto e estado emocional do corpo.

Secundárias: são as emoções que são construídas a partir da cultura e das crenças sociais como vergonha, ciúme, culpa e orgulho são exemplos das emoções secundárias. Sentimos vergonha de uma situação que para outras culturas não há problema algum. Veja o exemplo do indígena que anda nu de forma natural sem a emoção secundária da vergonha.

Roazzi et al. (2011) citam em seu artigo que podemos ter emoções positivas ou negativas e mistas. " As emoções positivas seriam oriundas de situações agradáveis; as negativas, oriundas de situações desagradáveis. Com o passar do tempo, a criança aprende que determinadas situações de sua vida podem provocar o surgimento de emoções positivas e negativas ao mesmo tempo. Esta diversidade de emoções que abrange sentimentos de ambivalência relacionados a uma única situação é chamada de emoções mistas. Por exemplo: Quando uma criança ganha de presente uma bicicleta que tanto desejava, fica feliz (emoção positiva), mas, ao mesmo tempo, o fato dela ainda não saber andar de bicicleta a faz sentir medo (emoção negativa) de cair." As emoções são organizadas por cores que se expandem em outras cores.

A imagem a seguir refere-se à Roda dos Sentimentos, e compreendê-la é um recurso importante para a autorregulação e autocontrole.

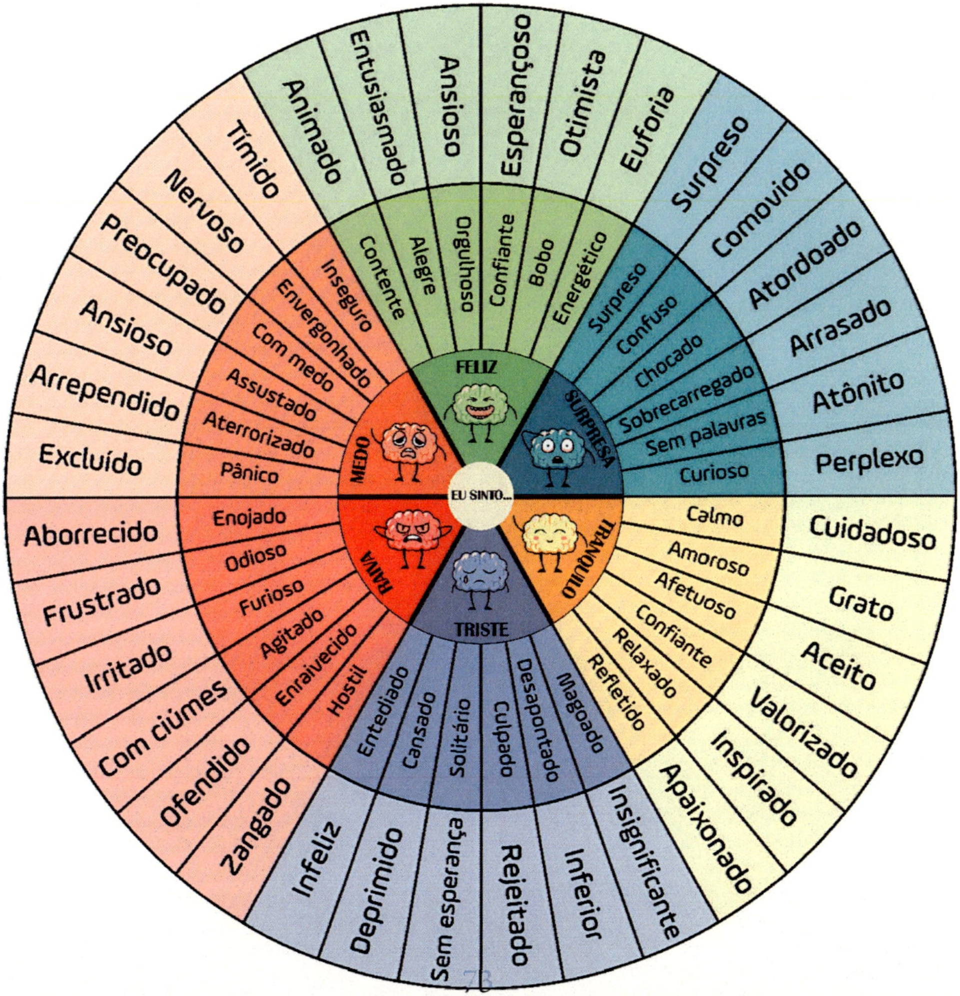

As emoções do centro da roda são as que possuem maior intensidade e, à medida que avançam para as bordas externas são as emoções mais suaves, menos intensas.

Ao identificar as cores, você pode até mesmo compreender o que sente no momento. Será que a raiva que sente foi porque teve ciúmes? A preocupação para a entrega de um trabalho transmite medo?

Plutchik, R. (2003), psicólogo, propôs a teoria da roda emocional, que é um modelo clássico que descreve os relacionamentos emocionais humanos de uma perspectiva psicológica. Na roda de emoções de Plutchik há 8 emoções básicas: raiva, desgosto, tristeza, surpresa, medo, confiança, alegria e expectativa. O que difere um pouco da imagem.

Mostrar para a criança ou para o adolescente a Roda dos Sentimentos auxilia no autocontrole e autorregulação das emoções

6

Flexibilidade cognitiva

João é um menino que não aceita perder. Ao jogar futebol, quer sempre chutar do seu jeito, não aceita a opinião dos colegas, ele sempre acha que sua forma é melhor que a dos outros.

Julia, 12 anos, quer sempre realizar as atividades em grupo na turma da mesma forma. Se alguém mudar o jeito que ela determinou, mostra-se impaciente e prefere fazer sozinha, acredita que sua forma de fazer é sempre melhor que a dos colegas.

Você deve conhecer pessoas como a Julia e o João e, também, adultos que são resistentes às mudanças.

Flexibilidade cognitiva é uma habilidade capaz de alternar estratégias, mudar o foco, mudar a rota quando percebemos que algo está errado.

É buscar novos caminhos para vencer um jogo, para melhorar uma tarefa ou até mesmo modificar um ingrediente para descobrir novos sabores em uma receita.

A flexibilidade cognitiva está muito relacionada à criatividade. Pessoas criativas experimentam, levantam hipóteses e fazem novas descobertas. Está relacionada também às mudanças em algo inesperado que acontece no dia a dia. Por exemplo, você está preso no trânsito, não sabe o que fazer e tem uma reunião importante marcada. Arrisca-se a buscar outro caminho? Ou prefere manter-se no mesmo local, mesmo que isso acarrete consequências em seu trabalho?

Há uma relação direta da flexibilidade cognitiva com as outras funções: controle inibitório, planejamento e memória.

Crianças com dificuldades em Flexibilidade Cognitiva podem:

- Ficar impacientes em ter que refazer determinada tarefa, não aceitam mudar suas estratégias em um jogo mesmo quando estão perdendo.
- Não buscam recursos diferentes para realizar a tarefa necessária, desistem facilmente mesmo sabendo da sua dificuldade.
- Possuem rigidez cognitiva.
- Apresentam dificuldades de relacionamento, possuem os mesmos amigos sempre. Evitam novas amizades.
- Evitam esclarecer dúvidas com os professores;
- Como melhorar a flexibilidade cognitiva?

- Exercícios físicos e jogos esportivos: a ação de um jogador faz com que haja modificação das estratégias. A atividade física regular promove a saúde, o que pode contribuir para a flexibilidade cognitiva;
- Hábitos de sono saudáveis: um bom sono ajuda a manter seu cérebro afiado e pronto para novos desafios;
- Mindfulness: prestar atenção sobre sua própria atenção; estar presente no momento pode ajudar você a se adaptar a novas situações e ajustar seu pensamento;
- Experimentar novas estratégias;
- Aprender coisas novas sempre;
- Resolver problemas de formas diferentes;
- Praticar empatia por meio de atividades solidárias. Tentando entender os outros pontos de vista podem ajudar a expandir seu próprio pensamento e adaptabilidade;
- Abrace a incerteza: Pratique tolerar a incerteza em situações menores para ficar mais confortável com as mudanças;
- Brainstorming: Pratique encontrar múltiplas soluções para um problema. Isso pode ajudar a treinar seu cérebro a considerar diferentes opções e perspectivas;
- Fique curioso: adote uma mentalidade de aprendizagem ao longo da vida;

- Leia bastante, aprenda novas habilidades e exponha-se a ideias e perspectivas diferentes;
- Experimente novas experiências: sair regularmente da sua zona de conforto pode melhorar a flexibilidade mental. Isso pode ser tão simples como experimentar um novo tipo de comida, visitar um novo lugar ou aprender uma nova habilidade;
- Registro no diário: escrever sobre seus sentimentos e impulsos pode fornecer informações sobre padrões e gatilhos, ajudando você a controlá-los melhor;
- Resolução de quebra-cabeças: jogos e quebra-cabeças como palavras-cruzadas, sudoku e xadrez podem ajudar a melhorar a cognição e a flexibilidade;
- Meditação: Alguns tipos de meditação podem aumentar a flexibilidade mental ao promover uma atitude de mente aberta e sem julgamento;
- Reflita sobre os sucessos anteriores: reflita sobre os momentos em que você teve sucesso e teve que se adaptar às mudanças. Isto pode reforçar a crença em sua capacidade de pensar com flexibilidade;
- Reestruturação Cognitiva: Esta é uma técnica de terapia onde você aprende a identificar e desafiar padrões de pensamento rígidos;

- Adaptabilidade proativa: não reaja apenas às mudanças – procure-as;
- Manter regularmente sua rotina pode promover maior flexibilidade;
- Limitar o tempo de tela: o tempo excessivo gasto nos dispositivos pode contribuir para o pensamento rígido. Reserve tempo para atividades fora da tela que estimulam o cérebro de diferentes maneiras;
- Ajuda Profissional: Se o pensamento inflexível estiver causando sofrimento significativo ou impactando a vida diária, considere procurar ajuda de um profissional.

7

Autorregulação

A autorregulação é também sinônimo de autocontrole, autodisciplina e automonitoramento. É a capacidade que temos de controlar nossas emoções, comportamentos e ações para obter resultados em tarefas tanto a curto prazo quanto a longo prazo.

Quantas vezes você já tentou evitar doces e refrigerantes ou já tomou a decisão de fazer atividade física? Querer atingir algumas metas requer esforço e, para muitos, isto é uma tarefa muito difícil.

No âmbito escolar, isto é claramente vivenciado pelas crianças e jovens, além de serem queixas constantes pelos professores. Dificuldades em autorregulação podem trazer prejuízos sociais e acadêmicos.

- A autorregulação pode ser subdividida em três pontos:
- Emocional: é a capacidade de compreender e regular nossas emoções, seja ansiedade, raiva, reagir de forma impulsiva pode causar prejuízos na socialização de qualquer criança. Buscar estratégias para lidar com as emoções é um

caminho mais saudável para garantir a convivência entre os pares.

- Cognitiva: é a capacidade de controlar nossos impulsos para manter a atenção diante de uma resolução de um problema ou de uma tarefa, organizar e planejar também devem passar por este automonitoramento.
- Comportamental: é a capacidade de controlar os impulsos conforme o ambiente em que estamos inseridos e segundo as regras sociais e culturais.

Estratégias para manter a autorregulação:

- Manter a resiliência de uma tarefa, mesmo que não esteja saindo como você planejou.
- Definir metas e objetivos claros e registre. O registro é importante para que os objetivos sejam cumpridos, use um calendário ou um quadro semanal.
- Estabelecer rotinas e, a cada tarefa cumprida, coloque uma marcação. Comemore suas vitórias.
- Planejar o dia e a semana antecipadamente. E organize para poder cumprir o que planejou. Ensine os alunos a fazer esse planejamento e colocar isso na agenda, na parede do quarto, ou até mesmo na porta da geladeira.
- Autoavaliação: reconhecer o esforço e estabelecer recompensas. Receber elogios e mostrar que a criança e o jovem estão no caminho certo ajuda muito.

8

Memória

Um dos maiores medos do ser humano, principalmente quando atinge a maturidade, é perder a memória.

Memória é a nossa capacidade de armazenar uma informação, resgatar e utilizar quando necessário. A memória é essencial para a aprendizagem.

É como se você escrevesse em um papel um número de telefone para utilizá-lo quando necessário.

O fator atencional e emocional estão relacionados diretamente com a nossa capacidade de armazenar as informações recebidas pelo meio ambiente.

Muitas vezes, a habilidade de memorizar não está ativada por estarmos desatentos ou da informação recebida não ter significado. Quantas vezes, o professor solicita que os alunos se mantenham atentos na aula e os mesmos se distraem com os colegas, com materiais escolares e acabam tendo prejuízos na aprendizagem?

Quando a informação recebida tem significado ou traz emoção, seja negativa ou positiva a área da memória é ativada. Quem não se recorda de uma situação ao ouvir determinada música ou sentir um aroma? Por meio de sensações, podemos lembrar de fatos que marcaram a vida.

Todo cérebro é memória. Quem você é hoje é um compilado de memórias que deixaram marcas.

Tipos de memória

a. Memória declarativa (ou explícita): é aquela que consiste na lembrança de eventos pessoais ou culturais. Este tipo de memória pode ser episódica, que guarda nossas lembranças pessoais e nossas experiências, ou semântica, é quando compartilhamos da mesma informação, por exemplo, quem proclamou a independência do Brasil?

b. Memória não declarativa (ou implícita): são aprendidas com repetições, não basta a leitura de um manual, por exemplo aprender a dirigir um carro ou andar de bicicleta.

Há ainda a memória a curto prazo ou operacional que armazena conteúdo limitado (cerca de quatro itens ao mesmo tempo) e apenas alguns segundos. (Bueno e Baristela in Santos, Andrade e Bueno, 2015)

A memória declarativa operacional ou de trabalho é retida por segundos, ou minutos, essencial para a próxima tarefa e sua perda ocorre nas fases iniciais do Mal de Alzheimer. É no córtex pré-frontal que esta memória é ativada e passa por conexões entre a amígdala e o hipocampo. Essa região do cérebro é responsável por selecionar o que vai ser lembrado e o que será esquecido. Quando você recebe uma informação e diz: "Ah! Já sei isso!". É esta memória que ativamos.

A capacidade de memória é o que define nosso comportamento.

A memória de curta duração se divide em memória primária e secundária. Na primária, a informação é mantida por curtos períodos e pode se perder quando não há estímulos sensoriais. É neste momento que haverá uma seleção das informações que chegam, se for importante será fixada no hipocampo, caso contrário será descartada.

Na memória de curta duração secundária, as informações são armazenadas no hipocampo, o que favorece a recuperação das informações mais antigas.

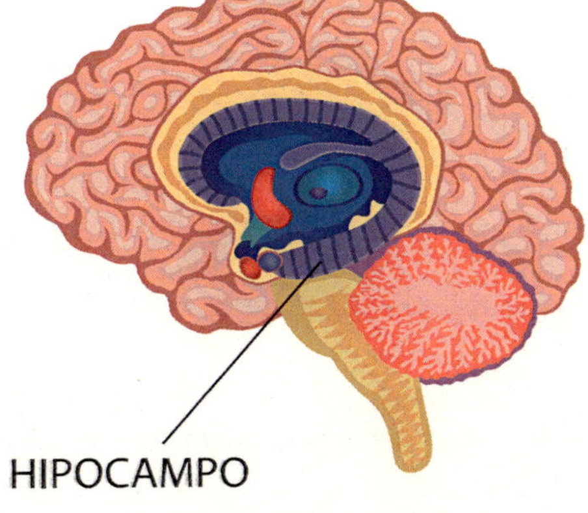

É na memória a longo prazo que encontramos os subtipos como memória episódica e semântica. Memória episódica está relacionada aos fatos que vivenciamos, as nossas experiências. A memória semântica se refere aos aspectos conceituais, nomes das cores, reconhecimento de palavras, ao vocabulário e conceitos aprendidos no dia a dia.

O que pode influenciar no desempenho cognitivo e na aprendizagem?

- Alterações no sono
- Medicações
- Socialização
- Perdas sensoriais
- Doenças vasculares
- Depressão
- Níveis educacionais
- Hábitos de vida
- Lesões cerebrais
- Depressão e ansiedade
- Metamemória

Metamemória é a capacidade de ter ciência sobre a nossa própria memória, que pode ser positiva ou negativa. Se o indivíduo tem uma visão negativa do seu desempenho cognitivo, acaba adquirindo hábitos negativos que influenciarão diretamente em sua memória.

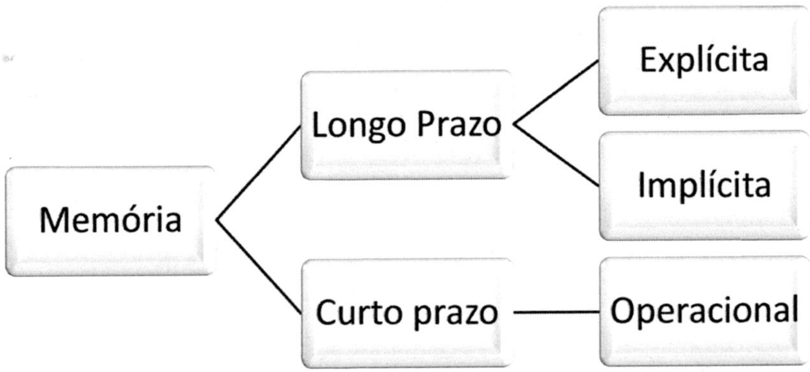

Estratégias que auxiliam na memória

- Divida as informações em grupos menores e mais gerenciáveis. Por exemplo, em vez de tentar lembrar um número de telefone longo, quebre em partes menores.
- Leitura Ativa: durante a leitura, faça pausas regularmente para resumir o que você tem de ler. Destacar ou fazer anotações também pode melhorar a retenção da memória.
- Crie siglas, frases ou músicas para lembrar uma informação.
- Repetição: revise regularmente as informações para reforçar a memória. Isto pode ser conseguido através de técnicas como flashcards ou aplicativos projetados para repetição.
- Exercício físico: o exercício regular pode melhorar a saúde geral do cérebro e a função de memória.

- Hábitos de sono saudáveis: um sono de qualidade é importante para a memória e para sua consolidação.
- Meditação e Mindfulness: Práticas como meditação e atenção plena podem ajudar a melhorar o foco e as funções cognitivas, incluindo memória de trabalho.
- Jogos de treinamento cerebral: jogos que desafiam sua memória e habilidades cognitivas podem ajudar a melhorar a memória de trabalho.
- Pausas regulares: fazer pequenas pausas durante as tarefas pode ajudar a prevenir a fadiga cognitiva e manter a memória de trabalho e aumentar seu desempenho.
- Nutrição Adequada: Uma dieta saudável, particularmente rica em frutas, vegetais, os grãos integrais, podem promover a saúde do cérebro e melhorar as funções da memória.
- Mantenha-se hidratado: a desidratação pode prejudicar as funções cognitivas, incluindo a memória. Beber bastante água é importante para manter a função cerebral.

Aguilar (2022), ainda traz mais estratégias como:

a. Desafiar o novo.

b. Aprender um instrumento ou dança.

c. Manter atenção.

d. Alimentação equilibrada, rica em vitamina B12.

e. Associar fatos às imagens. Para memorizar, por exemplo, uma lista de supermercado, você pode associar a uma história engraçada. A couve queria casar com o repolho, mas a cenoura não deixou...

f. Associar fatos às músicas. Criar paródias pode ajudar muito. Costumo muito fazer este tipo de atividade com conceitos de conteúdos e os alunos gostam muito. É fato que isto facilita a memorização e, para a aprendizagem acontecer, é preciso vivência.

Visto a importância da memória operacional ou de trabalho para a aprendizagem, avaliar esta habilidade dentro da neuropsicologia tem uma função tão importante para verificar comprometimentos nesta área.

Para mensurar essa habilidade há alguns instrumentos, dentre eles a tarefa de Cubos de Corsi e de Span de Dígitos.

> "Os Cubos de Corsi são um instrumento análogo ao teste de Span de Dígitos que avalia o alcance da memória operacional utilizando a alça visuoespacial (Corsi, 1973). Os primeiros estudos encontraram um padrão de dissociação dupla entre o desempenho na tarefa de dígitos e nos Cubos de Corsi em pacientes com lesão cerebral à esquerda e à direita, respectivamente (Milner, 1971)" (in Santana, 2021).

O teste psicométrico dos instrumentos Tarefa de Span de Dígitos, que avalia a memória auditiva de curto prazo de ordem direta e inversa, e Tarefa de Span de Blocos-Corsi, que avalia a memória a curto prazo visuoespacial direta e inversa.

A tarefa de Cubos de Corsi utiliza nove cubos colocados em uma superfície retangular de madeira. Para a aplicação, o avaliador toca na parte superior de alguns cubos, utilizando uma ordem sequencial previamente estabelecida. Após o término de cada sequência, o avaliador reproduz a mesma sequência na ordem inversa.

É possível encontrar todas as normas de aplicação no livro Memória de Trabalho, das autoras Dia e Mecca (2019).

9

METACOGNIÇÃO

Uma habilidade que deve ser desenvolvida é a capacidade de controlar e monitorar nosso próprio aprender. Pensar e avaliar quais são as melhores estratégias para o aprendizado de si.

Corso, Sperb, Jou e Salles (2013) fazem referência à metacognição como um subsistema de controle, dentro do sistema cognitivo, que tem a finalidade de monitorar, planejar e regular seus processos. Pode ser descrita como uma fase de processamento de alto nível, que permite ao indivíduo monitorar, autorregular e elaborar estratégias para potencializar sua cognição.

Pensar e avaliar como cada um aprende melhor gera indicadores favoráveis à aprendizagem, isso envolve todas as habilidades de funções executivas como memória, planejamento, organização, controle inibitório e flexibilidade cognitiva. Conhecer seu próprio conhecimento e estimular áreas que você tem consciência que precisa melhorar é uma habilidade que exige também maturação neuronal.

Crianças pequenas têm dificuldade em reconhecer essa habilidade, porém, pelo fato de não desistir de aprender a andar de bicicleta e, inconscientemente, perceber como deve melhorar, também é uma capacidade que vai sendo aprimorada com o desenvolvimento físico, biológico, social e cognitivo.

Estratégias para desenvolver a metacognição:

- Autorreflexão: verificar por meio de um mapa mental (como o modelo) para fazer questionamentos sobre a aprendizagem. Preenchendo o Mapa Mental da Aprendizagem é possível perceber onde é necessário maior aprofundamento. Posteriormente, preencher o segundo Mapa Mental das Ações.

Mapa Mental da Aprendizagem

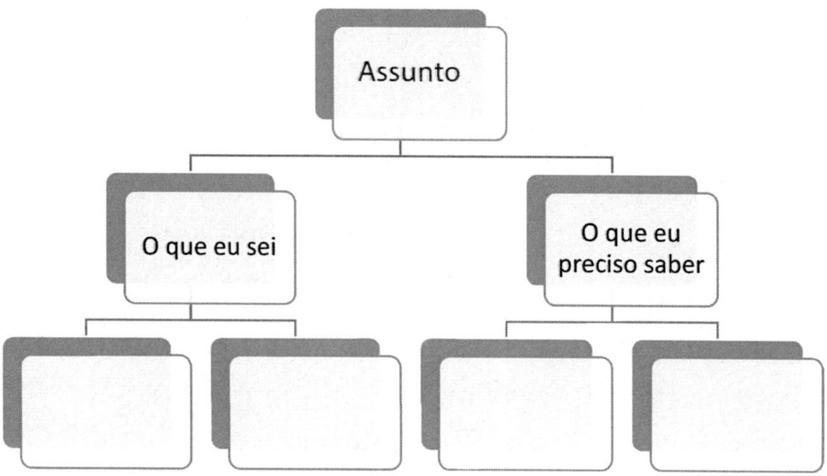

Mapa Mental das Ações

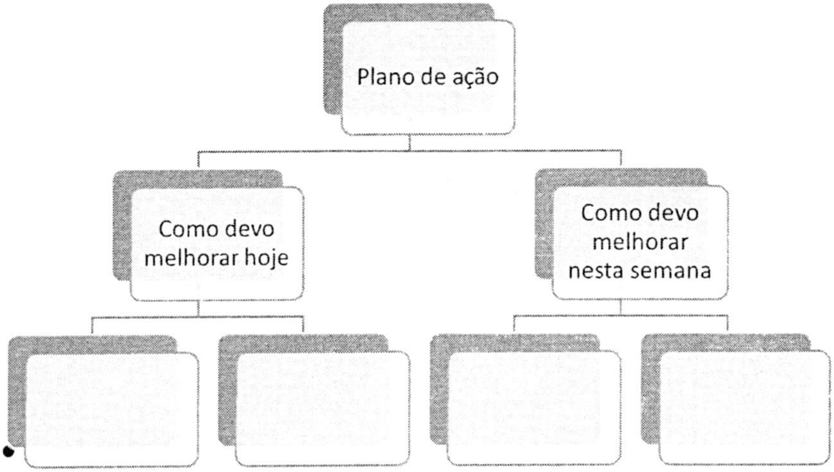

- **DEFINIÇÃO DE OBJETIVOS CLAROS:** antes de iniciar uma tarefa ou atividade, defina claramente seus objetivos e o que você espera alcançar. Isso ajudará a direcionar seu foco e esforço para o que é mais importante.
- **PLANEJAMENTO ESTRATÉGICO:** desenvolva planos detalhados para abordar tarefas complexas. Divida a tarefa em etapas menores e crie um plano de ação para cada etapa. Revise e ajuste seu plano conforme necessário à medida que avança na tarefa.
- **AUTOAVALIAÇÃO:** após completar uma tarefa ou atividade, faça uma avaliação honesta do seu desempenho. Identifique quais estratégias foram eficazes e quais precisam ser ajustadas para futuras situações semelhantes.

- **AUTORREGULAÇÃO EMOCIONAL:** reconheça e gerencie suas próprias emoções durante a realização de tarefas cognitivas. Se você está se sentindo ansioso, frustrado ou desmotivado, pare por um momento para refletir sobre suas emoções e como elas podem estar afetando seu desempenho.
- **REFLEXÃO PÓS-TAREFA:** após concluir uma tarefa ou atividade, reserve um tempo para refletir sobre o que você aprendeu e como poderia melhorar da próxima vez. Identifique quais estratégias foram mais úteis e como você pode aplicá-las em futuras situações.
- **AUTOEXPLICAÇÃO:** Ao estudar um novo conceito, pratique explicá-lo em suas próprias palavras. Isso não só ajuda a solidificar o seu entendimento, mas também revela lacunas em seu conhecimento que você pode precisar abordar.
- **USAR ESTRATÉGIAS DE APRENDIZAGEM ATIVA:** em vez de apenas passivamente absorver informações, envolva-se ativamente no processo de aprendizagem. Isso pode incluir fazer perguntas, elaborar resumos, fazer associações com conhecimentos prévios e aplicar o que você aprendeu em diferentes contextos.
- **BUSQUE FEEDBACK:** peça *feedback* de professores, colegas ou mentores sobre seu desempenho e sua abordagem para realizar tarefas. Use esse *feedback* para identificar áreas de melhoria e ajustar suas estratégias de aprendizagem.

10

Importância das Funções Executivas na Aprendizagem

Para aprender, é preciso que a comunicação entre as áreas cerebrais esteja funcionando adequadamente. Compreender como o cérebro funciona e como as habilidades das Funções Executivas podem ajudar na aprendizagem é um passo importante para a espécie humana, além de favorecer a aprendizagem em diversas áreas da vida acadêmica, social e emocional. Benefícios das habilidades executivas:

- Melhor desempenho acadêmico;
- Gerenciamento de tarefas, manter a atenção e seguir as instruções;
- Capacidade de colaboração, resolução de conflitos e participação em atividades em grupo;
- Autonomia e independência na resolução de problemas, gerenciam suas responsabilidades;

- Adaptação às novas situações, uma habilidade importante em um mundo em constante mudança;
- Tomada de decisões mais assertivas e conscientes, considerando consequências a curto e longo prazo;
- Criatividade e eficácia na busca de soluções inovadoras;
- Autorregulação e a adaptação de estratégias de aprendizagem;
- Controle de comportamentos impulsivos que podem levar a decisões imprudentes ou prejudiciais.
- Persistência na busca desses objetivos, mesmo diante de obstáculos.
- Autodisciplina na busca de hábitos mais saudáveis, como alimentação equilibrada, exercícios regulares e manutenção do sono adequado.
- Gestão de tempo, priorização de tarefas e conclusão de projetos.
- As funções executivas auxiliam no dia a dia para...
- Ler e aplicar o que aprendeu na escola e no dia a dia
- Cumprir com os horários
- Completar as tarefas
- Brincar e interagir com outras crianças e familiares
- Organizar seus pertences
- Cozinhar e cumprir instruções

- Trabalhar com um grupo
- Finalizar um projeto
- Pedir ajuda quando você precisa
- Verificar uma tarefa antes de entregar
- Conviver com os outros mesmo que não estejam bem emocionalmente.
- Guardar os brinquedos e objetos nos lugares corretos
- Respeitar as regras e conviver em diferentes espaços, manter o comportamento diante do local ou das pessoas em que convive.
- Persistir em determinada tarefa até cumpri-la, mesmo que seja difícil.
- Aprender a buscar ajuda e delegar tarefas.
- Planejar as contas e as finanças.
- Evitar gastos desnecessários.
- Manter uma alimentação saudável, evitando doces e açúcares.
- Saber manter sua decisão perante a uma situação desafiadora, por exemplo, resistir ao uso de substâncias químicas ou bebidas alcoólicas.

11

Treino de funções executivas

Atividades de funções executivas e conativas para bebês

Como podemos medir as funções executivas em bebês se não lembramos de fatos quando tínhamos 4 meses? Como temos e mantemos a memória de quando éramos bebês?

Já nascemos com o potencial de desenvolver as funções executivas, de forma intencional e condicionada, os bebês exploram objetos, imitam gestos e sons e, à medida que vão se desenvolvendo suas habilidades sensoriais e memória vão ampliando.

Estratégias de estímulos

- Forneça estímulos sensoriais, mas evite estímulos exagerados;
- Responda aos sinais do bebê com expressões faciais e linguagem adequada;
- Ajude o bebê a perceber e manusear objetos e suas funcionalidades. Mostre o abrir e fechar de uma torneira, de uma gaveta, janela ou porta;
- Converse com o bebê;
- Ao brincar com o bebê, nomeie os objetos e o envolva naquilo que ele estiver fazendo;
- Utilize o toque das suas mãos e nomeie partes do corpo. Por exemplo: "pegue a colher com a mão", "vamos lavar os seus pés".
- Oportunize tarefas que desenvolvam prontidão e habilidades básicas como: abrir e fechar, grande e pequeno, comparar objetos, separar por tamanho, cor, formas.
- Ao segurar o bebê no colo, brinque com ele de esconder objetos e encontrar, de mostrar imagens mais altas, interaja e converse com ele durante esse momento. Explique o que fazem e para aonde estão indo. Diga como está a temperatura, quem visitarão...
- Incentive a imitação de gestos e palavras.

- Cante músicas curtas, que tenham rimas.
- Esconda objetos com um pano e depois retire. Espere a criança procurar e ter a alegria do encontro. Faça novos desafios, escondendo os objetos em outros lugares e incentive a criança a procurar.
- Aponte e mostre diferentes objetos, animais, lugares e pessoas, nomeie-os e explique as funções. Imite com o bebê sons de animais, barulhos de trem, avião, campainha. Estimule a linguagem com sinais que os representem, por exemplo, colocar o dedo indicador próximo à boca para representar o silêncio, sons que representem um alimento gostoso. "Hum! Que gostoso esta maçã!" ou "que cheirinho ruim!", "olhe o cachorro! Como ele faz?" Mostre que algo não agradou quando a criança bate em outra pessoa.
- Tenha livros físicos para mostrar para o bebê as imagens, aponte e mostre que há palavras no livro. Mesmo que a criança ainda não sabe ler ou falar, ela passa a perceber que as letras são meios de comunicação.
- Mude a entonação de voz dependendo da situação em que estiverem.
- Evite ao máximo colocar o bebê frente às telas.

Atividades de funções executivas e conativas para crianças de 1 a 3 anos.

A capacidade de se deslocar rapidamente favorece as habilidades de desenvolver as funções executivas. É nesta idade que a criança percebe e diferencia objetos, começa a dividir e categorizar animais, automóveis, bonecas. O desenvolvimento cerebral cresce à medida que muda o comportamento, a memória declarativa fica mais nítida, mesmo que ainda não estejam totalmente formadas. Há um crescimento também no hipocampo, área responsável pela memória. O ambiente e a relação com o cuidador influenciarão seu desenvolvimento físico, cognitivo e socioemocional na adolescência e na vida adulta.

Por volta de 2 anos, a criança começa a desenvolver a autorregulação. Para Papalia e Mortorell (2022), a autorregulação é a base da socialização e vincula todos os domínios do desenvolvimento físico, socioemocional e cognitivo.

Estratégias de estímulos

- Brinque com jogos e brincadeiras que tenham comandos como: estátua, pular e parar. Este tipo de brincadeira favorece o controle inibitório e a memória de trabalho.
- Fale frases curtas e espere a resposta da criança. Por exemplo, "pegue a bola e traga para a mamãe", "beba a água, está uma delícia!".

- Demonstre atenção e interaja durante a conversa, mesmo que você não compreenda a "palavra" dita pela criança. Estimular a linguagem é fator primordial para o processo de leitura e escrita no futuro.
- Não repita palavras pronunciadas erradas, repita a palavra naturalmente correta durante a conversa com a criança e evite palavras exageradamente no diminutivo.
- Nunca ameace a criança com medos externos como forma de punição para o comportamento inadequado. "Vou te largar aqui se continuar gritando", "o bicho irá te pegar". Isto só gera crenças limitantes e reforça o comportamento negativo. Elogie o comportamento adequado e comemore as conquistas da criança. Nesta faixa etária surgem emoções como constrangimento, inveja e empatia, orgulho e culpa.
- Brincadeiras ou músicas e rimas com gestos que utilizam as mãos e com o corpo favorecem a atenção, a memória de trabalho e o controle inibitório.
- Jogos de imitação são excelentes recursos para flexibilidade cognitiva, organização e planejamento. Reproduzir fatos do dia a dia como: ajudar a limpar um móvel, guardar os brinquedos, ajudar a colocar as meias dentro da gaveta.
- Cantar músicas e movimentar o corpo são excelentes recursos para a memória semântica e episódica.

- Permita que a criança explore diferentes objetos do dia a dia com muitas percepções sensoriais: macio, duro, áspero, liso.
- Conte histórias, mude entonação de voz para as personagens, aponte as figuras do livro. Faça perguntas sobre a história, por exemplo: "Como o lobo assoprou a casa dos três porquinhos?"
- Organize a rotina da criança, hora da alimentação, sono, ir à escola.
- Crie músicas para as atividades do dia a dia, divertidas e que mostrem as etapas de uma tarefa. Isto desenvolve senso de organização e planejamento.
- Estimule a criança a contar fatos que aconteceram para outros familiares como um passeio ao parque, isto desenvolve memória.
- Desperte a curiosidade antes de mostrar um objeto, dê dicas para que a criança adivinhe. Por exemplo, é grande, colorido e pula, é... UMA BOLA. Isto desenvolve classificação, comparação e memória semântica.
- Estimule brincadeiras de faz-de-conta, brinque junto e estimule diferentes objetos que possam ser transformados em brinquedos, utilize materiais recicláveis.
- Permita que a criança manuseie diferentes materiais de pintura, giz, lápis, tintas, massa de modelar. Além de desenvolver a percepção sensorial, desenvolve criatividade, imaginação, descobertas, coordenação motora.

Atividades de funções executivas e conativas para crianças entre 4 a 6 anos

Funções executivas e habilidades de autocontrole em crianças nesta faixa etária se desenvolvem rapidamente, já são capazes de entender causa e efeito, conseguem falar sobre determinado objeto na ausência dele, têm consciência de fatos, conseguem guardar seus brinquedos nos lugares determinados. Para desenvolver planejamento e organização necessitam do apoio e orientação do adulto. Começam a ter maior vocabulário. Elas melhoram a atenção e o processamento das informações.

Segundo Papalia e Martorelli (2022), a memória de trabalho está associada ao desempenho acadêmico e quanto mais a criança tem familiaridade com algum item, mais rápida é a recuperação dessa informação. A memória vivida é raramente intencional, as crianças lembram de fatos que teve uma experiência significativa.

Estratégias de estímulos

- Estabeleça horários de dormir e uma rotina de alimentação.
- Incentive atividades de motricidade fina como abotoar, colocar a roupa e o sapato, a usar os talheres (garfo e faca), usar tesoura, desenhar, pintar.

- Incentive guardar seus pertences, isto favorece a organização e desenvolve habilidades de categorização e memória.
- Não faça pela criança o que ela é capaz de fazer sozinha, mesmo que isso leve mais tempo.
- Desperte interesse pelos livros, pela contação de histórias e amplie o repertório musical.
- Explore diferentes tipos de brinquedos simples como pular corda, peteca.
- Crie novos brinquedos com materiais recicláveis.
- Praticar um esporte cooperativo.
- Incentivar a interação com outras crianças.
- Explore a linguagem e a memória, estimulando que a criança relate fatos do dia a dia, peça que se lembre do alimento que comeu na casa da avó, lembrar de fatos específicos favorecem a memória episódica.
- Explore canções com rimas e com gestos.
- Quebra-cabeças e jogos de montar são excelentes recursos para desenvolver planejamento e controle inibitório.
- Jogos da memória, de tabuleiro, cartas e de associação são ótimos para desenvolver flexibilidade cognitiva.
- Jogos de adivinhação e desafios favorecem criatividade e flexibilidade cognitiva.

- Cantigas de roda que possuem comandos desenvolvem controle inibitório e memória.

Atividades de funções executivas e conativas para crianças entre 7 e 11 anos.

Mudanças no volume do cérebro aumentam e atingem seu volume máximo aos 11 anos, porém as funções executivas continuam a se desenvolver. Nesta faixa etária, o foco atencional torna-se mais aprimorado e depende também do controle inibitório. Se há prejuízos nesta área cerebral, os sinais tornam-se mais evidentes devido à escolaridade. É nesta época que as crianças podem não ter bons resultados na escola e alguns transtornos começam ficar mais nítidos, como transtornos específicos de aprendizagem.

A memória de trabalho ou operacional também começa a ter mais precisão, assim como a velocidade no processamento das informações.

Estratégias de estímulos

- Jogos de estratégias e combinações desenvolvem e potencializam as funções executivas, assim como jogos de desafios.
- Livros de desafios, cruzadinhas, caça-palavras e enigmas desenvolvem planejamento e curiosidade, estimulam a imaginação.

- Ensine as crianças a anotar recados e informações do dia a dia, mapa mental é um excelente recurso para estudo e aprimoramento da memória.

Alimentação saudável e a prática de exercícios físicos regulares, incluindo rotina do sono.

Organizar uma agenda que concilie a escola e tempo livre para brincar com os colegas.

Ponderar o uso de telas e jogos de vídeo game. Excesso de telas e liberdade ao conteúdo nas redes sociais comprometem tanto as habilidades cognitivas quanto emocionais. Excesso de telas prejudica o foco atencional, memória e traz prejuízos na escola e na interação com os colegas.

Aprender a tocar um instrumento desenvolve inúmeras habilidades motoras, sociais e cognitivas, além de benefícios como autorregulação, monitoramento das emoções, memória, planejamento e controle inibitório.

Exercícios de meditação auxiliam no foco atencional.

Ajudar nas tarefas da casa favorece o planejamento, regulação das emoções, memória afetiva, percepção sensorial e temporal, organização do tempo, estabelecendo metas e objetivos a serem cumpridos, respeitando etapas.

- Incentive a organização dos seus pertences e do espaço que ocupam.

- Utilizar uma agenda com as tarefas da semana, datas de entrega das tarefas escolares, atividades extras.
- Ensine a priorizar as tarefas mais importantes.
- Estabeleça metas curtas, depois vá aumentando.
- Ensine o valor das finanças e de economizar para conseguir um objetivo.
- Valorize momentos em famílias, como jantar, passeio, visita à casa dos avós.
- Dê tarefas específicas como responsabilidade diária, por exemplo, levar o cachorro para passear, guardar os materiais escolares no mesmo lugar, guardar sua própria roupa.

Atividades de funções executivas e conativas na adolescência

Nesta fase, há uma mudança cerebral nas conexões neurais, elas se fortalecem e o amadurecimento do córtex pré-frontal fica mais intenso, aproximando-se da maturação completa. A impulsividade e a mudança de comportamento tornam-se mais evidentes. O sistema de recompensa também passa a ser mais intenso, o que pode levar o adolescente a ter atitudes precipitadas como violência, uso de substâncias químicas e assumindo situações de risco.

"Uma explicação possível para essa transição acelerada de comportamento de risco se baseia nos padrões do desenvolvimento cerebral. Como o desenvolvimento começa na porção posterior do cérebro e avança para frente, as áreas subcorticais, incluindo o sistema límbico e de recompensa, amadurecem mais cedo." (Papalia e Martorell, 2022).

"Pesquisas recentes mostram que o cérebro adolescente sofre uma reorganização química, de fato – na quantidade de neurotransmissores disponíveis para levar mensagens de um neurônio para outro, na resposta a hormônios sexuais, e até na capacidade de produção de outros hormônios. Mas, muito além dessas mudanças químicas, o cérebro adolescente passa por uma grande reorganização estrutural, que afeta não o número de neurônios, mas sim a sua capacidade de trocar sinais entre eles." (Herculano-Houzel, 2015).

Estratégias de estímulos

- Oferecer grandes estratégias e ferramentas de estímulos como livros, um jogo novo, um passeio divertido, ingressos para shows, prática de esportes.
- Jogos de estratégias e desafios em grupo, colaborativos ou competitivos são bem-vindos nesta fase e aprimoram

as funções executivas que estão sendo alinhadas devido à reestruturação cerebral e hormonal.

- Atividades em grupos com os amigos como acampar, assistir a um filme, jogo de cartas.
- Atividades que envolvam ações sociais como solidariedade, proteção ao meio ambiente ou animais.
- Música e dança liberam dopamina e regulam as emoções.
- Gravar vídeos, fazer documentários, podcast, ensinar outros colegas um talento específico favorece planejamento, organização, priorização de tarefas e ajudam na autoestima.
- Tarefas bem humoradas despertam alegria no adolescente, a criação de memes envolvendo um determinado conteúdo escolar pode ser uma excelente saída.
- Criar músicas e compor melodias.
- Fazer calendário e planejar metas a curto, médio e longo prazo, priorizando as mais importantes.
- Controlar a alimentação. A imagem corporal é muito importante para a aceitação no grupo social.
- Atividades artísticas como pintura.

Atividades de funções executivas e conativas no adulto e na pessoa idosa

Após o amadurecimento completo do córtex pré-frontal, acontecem mudanças de declínio cognitivo à medida que envelhecemos. Perdas acontecem, esses declínios são inevitáveis. Com o passar da idade, vamos perdendo volume cerebral e, consequentemente, uma desaceleração na velocidade e no processamento da informação. Controle inibitório, percepções sensoriais e memória são afetadas, incluindo dificuldades motoras.

Algumas áreas se tornam mais ativas para compensar outras durante o envelhecimento cerebral.

Estratégias de estímulos

- Atividades físicas devem fazer parte da rotina diária.
- Alimentação saudável e qualidade de sono.
- Atividades de raciocínio cognitivo e interação social.
- Viagens, comunicação e interação com pessoas da mesma faixa etária favorecem a autoestima e o vínculo.
- Manter-se ativo no trabalho, buscando sempre fazer tarefas novas e divertidas.
- Abertura a novas experiências.
- Leitura de livros físicos.
- Praticar atividades que envolvam a tecnologia.
- É preciso manter-se produtivo.

ESTRATÉGIAS PRÁTICAS PARA DESENVOLVER FUNÇÕES EXECUTIVAS

HABILIDADE	FUNÇÃO	ESTRATÉGIAS
CONTROLE INIBITÓRIO	Capacidade de manter-se atento para evitar decisões precipitadas.	Pratique técnicas de atenção plena, como respiração profunda e contagem até dez, para reduzir reações impulsivas.
MEMÓRIA DE TRABALHO	A capacidade de reter e manipular informações na mente por curtos períodos.	Estabeleça rotinas e use lembretes visuais e gráficos. Uma tabela com a organização da semana. Utilize dispositivos mnemônicos, como siglas ou técnicas de visualização. Divida tarefas complexas em etapas menores e gerenciáveis. Use lembretes, calendários ou ferramentas digitais para melhorar a organização e recuperar informações.
SOCIOEMOCIONAL	A capacidade de gerenciar e regular as próprias emoções para responder adequadamente a diferentes situações.	Use estratégias de enfrentamento, como registrar um diário, exercícios respiratórios ou fazer pausas para gerenciar e regular as emoções. Experimente identificar o que leva à mudança de humor e os fatores que antecedem a desregulação emocional.
RESOLUÇÃO DE PROBLEMAS	A capacidade de analisar e resolver desafios ou obstáculos que surgem durante tarefas ou projetos.	Estratégias como definir o problema, debater soluções, avaliar opções, dividi-lo em partes menores, buscar informações e adotar uma abordagem sistemática podem ser usadas para melhorar a resolução de problemas.
PLANEJAMENTO	A capacidade de iniciar e se envolver em tarefas sem atrasos, procrastinações ou hesitações desnecessárias.	Use estratégias como estabelecer limites de tempo ou implementar uma abordagem "apenas comece" para superar a procrastinação. Divida as tarefas em partes menores e mais gerenciáveis para reduzir a sobrecarga. Priorize as tarefas mais difíceis ou importantes para iniciar o impulso.

HABILIDADE	FUNÇÃO	ESTRATÉGIAS
FLEXIBILIDADE COGNITIVA	A capacidade de se adaptar às novas circunstâncias e ajustar os planos conforme necessário.	Desafie padrões de pensamento rígidos, buscando ativamente diferentes perspectivas e debatendo soluções alternativas. Pratique exercícios de resolução de problemas e participe de atividades que promovam a criatividade e a mente aberta.
ORGANIZAÇÃO	A capacidade de criar e manter a ordem, organizando e categorizando tarefas, materiais e informações.	Estabeleça sistemas eficientes de categorização, como codificação por cores, etiquetas ou sistemas de arquivamento, para reduzir a desordem e melhorar a organização. Crie espaços designados para itens e desenvolva uma rotina para organizar e manter a limpeza.
GERENCIAMENTO DE TEMPO	Estratégias como criar cronogramas, definir prioridades, dividir tarefas em etapas menores, usar cronômetros.	Lembretes e eliminação de distrações podem ser usados para melhorar o gerenciamento do tempo.
METACOGNIÇÃO	Capacidade de reconhecer suas próprias estratégias de aprendizagem, de monitorar, autorregular e ter consciência do seu aprendizado.	Observe e anote como é mais fácil aprender, use cores para destacar pontos principais, faça fichas de estratégias que dê prazer ao realizar. Reveja sua produtividade em cada estratégia.

CONSIDERAÇÕES FINAIS

Desenvolver habilidades cognitivas e socioemocionais deve fazer parte do dia a dia tanto da família quanto da escola.

As queixas são constantes por falta de atenção, por jovens procrastinarem as tarefas, por crianças não conseguirem realizar tarefas simples sem se distrair ou até mesmo não saberem lidar com as frustrações. Diante de um mundo tão tecnológico e competitivo, crianças e jovens estão imersos em um mundo virtual que podem trazer prejuízos não apenas cognitivos, mas também emocionais.

O cérebro é nosso piloto, é ele quem comanda nossas ações. Se não estimular adequadamente, haverá prejuízos. É como um automóvel que precisa de revisão e troca de peças constantemente, antes de quebrar. O cérebro não tem peças para serem trocadas, por isso a estimulação certa gera "reserva cognitiva" que será essencial ao decorrer da vida.

O envelhecimento é fato e cada vez mais é necessário buscar qualidade de vida e autonomia na pessoa idosa. Isso só será possível se as fases anteriores forem bem cuidadas.

Por isso desenvolver e aprimorar as Funções Executivas faz-se necessário para regular nossas emoções, nossos pensamentos e nossas ações. Essas habilidades são fundamentais para a aprendizagem e controlar as distrações.

E para poder estimular adequadamente é preciso conhecer como o cérebro funciona.

Referências

Aguilar, R. Neuropsicopedagogia- uma abordagem teórica e prática sob a ótica da comunicação afetiva, do desenvolvimento físico, cognitivo, social e lúdico. Editora Edicon, 2022

Aguilar, R. Neurociência aplicada à educação: caminhos para facilitar a aprendizagem em sala de aula. Editora Edicon. São Paulo. 2021

Anauate, C. Glozman, J. Neuropsicologia aplicada ao desenvolvimento humano. Editora Memnon, 2017.

Anderson, P. Avaliação e desenvolvimento da função executiva (FE) durante a infância. Neuropsicologia infantil , 8 (2), 2022 71–82. https://doi.org/10.1076/chin.8.2.71.8724

Beck, J. S. Terapia Cognitiva-Comportamental: teoria e prática. Editora Artmed, 2021.

Canettierl, M. K., et al (2021) Habilidades socioemocionais: da BNCC às salas de aula. Revista Educação & Formação [Internet]. 2021; 6 (2): 1-21. Recuperado de: https://www.redalyc.org/articulo.oa?id=585866867010

Cosenza, Ramon M., GUERRA, L. Neurociência e educação : como o cérebro aprende - Porto Alegre : Artmed, 2011.

CRUZ, Vivian Lazzarotto Pereira da; TONI, Plínio Marco de; OLIVEIRA, Daiani Martinho de. As funções executivas na Figura Complexa de Rey: Relação entre planejamento e memória nas fases do teste. Bol. psicol, São Paulo , v. 61, n. 134, p. 17-30, jun. 2011 . Disponível em <http://pepsic.bvsalud.org/scielo.php?script=sci_arttext&pid=S0006-59432011000100003&lng=pt&nrm=iso>. acessos em 26 jul. 2024. Damázio, A. (2012) O erro de Descartes: emoção, razão e o cerebro humano. Companhia das Letras. São Paulo.

Diamond, Adele. Executive functions. Annu. Rev. Psychol. 64, 135- 68 (2013)

Diamond, Adele. Normal Development of Prefrontal Cortex from Birth to Young Adulthood: Cognitive Functions, Anatomy, and Biochemistry. 10.1093/acprof:oso/9780195134971.003.0029.2022

Dias, N. M e Mecca, T. (org.) (2019) Avaliação Neuropsicológica Cognitiva. Memória de trabalho. Editora Memnon. São Paulo

Dias e Mecca. Contribuições da neuropsicologia e da psicologia para intervenção no contexto educacional. Editora Memnon. 2015

Dias, N. M e Mecca, T. (org.) (2012) Avaliação Neuropsicológica Cognitiva. Atenção e funções executivas. Editora Memnon. São Paulo

Doidge N. O cérebro que se transforma.: como a neurociência pode curar as pessoas. Editora Record. Rio de Janeiro. 2017.

Esperidião-Antonio, V. et al. / Rev. Psiq. Clín 35 (2); 55-65, 2008. Neurobiologia das emoções. Revisão de literatura. https://www.scielo.br/j/rpc/a/t55bGGSRTmSVTgrbWvqnPTk/?lang=pt&format=pdf Acesso em 31/10/2021.

Farinella, M. e Ros, H, 2018. Neurocomic : a caverna das memórias. Editora Darkside. Rio de Janeiro

Fumagalli J, Haase V. G, Malloy-Diniz L. F (orgs.) NEUROPSICOLOGIA DO DESENVOLVIMENTO Infância e adolescência. 2016. Artmed

Gerhardt S, Por que o amor é importante: como o afeto molda o cérebro do bebe. Artmed. 2017. Porto Alegre. Tradução Maiza Ritomy Ide

Goleman, D. e Senge, P. O foco triplo: uma nova abordagem para a educação. Editora Objetiva. Rio de Janeiro . 2015

Goleman, D. Inteligência emocional [recurso eletrônico] / Daniel Goleman; tradução Marcos Santarrita. Rio de Janeiro : Objetiva. 2011

Herculano-Houzel S. O cérebro adolescente. A neurociência da transformação da criança em adulto. 2015 e-book

Jensen F. E. O cérebro adolescente: guia de sobrevivência para criar adolescentes e jovens adultos. Editora Intríseca.. Rio de Janeiro. Tradução de Lúcia Ribeiro da Silva. 2016

Kandel, E. R (2010) Em busca da memória: O nascimento de uma nova ciência da mente. Companhia das Letras. São Paulo

Kahneman, D. Rápido e devagar [recurso eletrônico]: duas formas de pensar / Daniel Kahneman; tradução Cássio de Arantes Leite. - Rio de Janeiro: Objetiva, 2012.

Kurzweil, R e Grossman.A medicina da imortalidade: viva o suficiente para viver para sempre. São Paulo. Editora Aleph. Traduzido por Cássia Nasser, 2019.

León, C; Rodrigues, C.; Seabra, A. ; Dias, N.M. - Funções executivas e desempenho escolar em crianças de 6 a 9 anos de idade Trabalho realizado na Universidade Presbiteriana Mackenzie, São Paulo, SP, Brasil, 2013. Rev. Psicopedagogia 2013; 30(92): 113-20

Meneses. M. S Neuroanatomia aplicada. - 3.ed. - Rio de Janeiro: Guanabara Koogan, 2015.

Miyake, Akira et al. The unity and diversity of executive functions and their contributions to complex "frontal lobe" tasks: A latent variable analysis. Cognitive psychology, v. 41, n. 1, p. 49-100, 2000.. https://doi.org/10.1006/cogp.1999.0734

Papalia, D. e Martorell. G. Desenvolvimento humano. 14ª edição. Editora Artmed. Porto Alegra. 2022.

Plutchik, R. (2003). Emoções e vida: Perspectivas da psicologia, biologia e evolução. Associação Americana de Psicologia.

Ribeiro, M.A.P Técnicas de aprender : conteúdos e habilidades /– Petrópolis, RJ : Vozes, 2012.

Roazzi, A., Dias, M. G. B. B., Silvia, J. O., Santos, L. B. & Roazzi, M. M. (2011). O que é Emoção? Em Busca da Organização Estrutural do Conceito de Emoção em Crianças.

ROEMER, L.A prática da terapia cognitivo-comportamental baseada em mindjulness e aceitação [recurso eletrônico] / Lizabeth Roemer, Susan M. Orsillo; tradução: Maria Adriana Veríssimo Veronese; revisão técnica: Armando Ribeiro das Neves Neto. — Dados eletrônicos. — Porto Alegre : Artmed, 2010.

Seabra e Dias. Atenção e funções executivas. Editora Memnon. 2012.

Santana, E.Y. et al. Normas do Cubos de Corsi para população adulta Revista Neuropsicología Latinoamericana ISSN 2075-9479 Vol. 13 No. 2. 2021, 1-10

SANT'ANNA, Beatriz de Andrade et al. Torre de Hanói: proposta de utilização do instrumento para sujeitos de 13 a 16 anos. Psicol. hosp. (São Paulo), São Paulo, v. 5, n. 2, p. 36-56, 2007. Disponível em <http://pepsic.bvsalud.org/scielo.php?script=sci_arttext&pid=S1677-74092007000200004&lng=pt&nrm=iso>. acessos em 26 jul. 2024.

Santos H., Andrade V. M,. Bueno O.F. Neuropsicologia hoje, Artmed, 2015.

Voss AK, Strasser A. The essentials of developmental apoptosis. F1000Res. 2020 Feb 26;9:F1000 Faculty Rev-148. doi: 10.12688/f1000research.21571.1. PMID: 32148779; PMCID: PMC7047912.

Funções executivas e desenvolvimento infantil: habilidades necessárias para a autonomia : estudo III / organização Comitê Científico do Núcleo Ciência pela al.]. https://ncpi.org.br/wp-content/uploads/2018/08/Funcoes_executivas.pdf

BARALHO

FUNÇÕES EXECUTIVAS

Vivemos em uma era em que o desenvolvimento das habilidades cognitivas se tornou essencial para o sucesso e bem-estar em diferentes áreas da vida. Neste manual, apresentamos tarefas de estímulos cuidadosamente selecionadas e desenhados para promover e fortalecer as funções executivas, um conjunto crucial de habilidades mentais que impactam diretamente o desempenho em tarefas diárias e no aprendizado.

Contém cartas que auxiliarão no desenvolvimento de habilidades como: flexibilidade cognitiva, memória, memória episódica, semântica e prospecção de futuro, controle inibitório, linguagem. Assista também os vídeos com diversas sugestões de aplicação.

@renataaguilar.educadora

Não é parte integrante do livro.